イラストで早わかり！
たれとソースの100レシピ

検見﨑聡美

青春出版社

たれとソースがあれば、ウチごはんがもっとおいしく！

思うような味に仕上がらない、作ってみたい料理はあるけれど味つけがわからない……。そんな悩みを持つ人は多いのではないでしょうか。

でも、もう大丈夫。料理の味つけで大切なのは、黄金率ともいえる調味料の割合ですが、本書ではとっておきの「おいしさ黄金率」で作るたれとソースを100種類も紹介しています。

失敗しがちな煮魚も、ときどき作りたくなる白あえも、いつかは挑戦したかったタイ料理も、作りたい料理がおいしく簡単に作れます。

また、作りおきがきく万能だれと万能ソースは、忙しいあなたの強い味方に。煮物に、炒め物に、つけだれに、あえごろもにと、アイデア次第でさまざまな料理に活用できます。

調味料の分量は「大さじ」「小さじ」「カップ」と、すべてイラストで表示してあるので一目瞭然。手間いらず、失敗知らずのたれとソースで、おいしいウチごはんを作ってください。

イラストで早わかり！ たれとソースの 100 レシピ contents

万能だれ・万能ソース

梅だれ 12
昆布しょうゆ薬味だれ 14
じゃこしょうゆだれ 16
ごまみそだれ 18
中華風薬味だれ 20
豆板醤酢 22
オイスターソースだれ 24

キムチだれ 26
ヤンニョムジャン 28
サムジャン 30
エスニックソース 32
スイートチリソース 34
トマトソース 36
アンチョビにんにくオイル 38

4

煮物のたれ

煮魚の煮汁（しょうゆ味） 42
煮魚の煮汁（みそ味） 44
角煮のたれ 46
肉じゃがのたれ 48
きんぴらのたれ 50
炊き合わせのたれ 52
含め煮のたれ 54
煮浸しのたれ 56
中華風しょうゆ煮込みのたれ 58
中華風みそ煮込みのたれ 60

炒め物のたれ

みそ炒めのたれ 64
辛子酢炒めのたれ 66
蒲焼きのたれ 68
チンジャオロースーのたれ 70
麻婆豆腐のたれ 72
えびチリのたれ 74
えびマヨ炒めのたれ 76
ホイコーローのたれ 78
酢豚のたれ 80
青菜炒めのたれ 82
エスニック炒めのオイスターだれ 84
エスニック炒めのみそだれ 86

漬け込みだれ

しょうが焼きのたれ 90
照り焼きのたれ 92
鶏のから揚げのたれ 94
みそ漬けのみそ床 96
南蛮漬けのたれ 98
プルコギのたれ 100
サテーのたれ 102

タンドリーチキンのたれ 104
バーベキューソース 106
マリネ液 108
野菜ピクルスのたれ 110
浅漬けのたれ 112
ハリハリ漬けのたれ 114
中華風即席漬けのたれ 116

鍋物

寄せ鍋のつゆ 120
塩ちゃんこのつゆ 122
みそちゃんこのつゆ 124
おでんのつゆ 126

すき焼きの割り下 128
豆乳鍋のつゆ 130
チゲのつゆ 132
イタリアン鍋のつゆ 134

つけだれ・かけだれ

ポン酢しょうゆ 138
薬味酢 140
バンバンジーのたれ 142
ねりみそ 144
ごまだれ 146
焼肉のつけだれ（しょうゆ味）148
焼肉のつけだれ（レモン味）150
生春巻きのたれ 152

ソース

レモンソース 156
マスタードソース 158
ハンバーグソース 160
タルタルソース 162
ツナソース 164
カクテルソース 166

ごはん・めん

かつ丼のたれ 170
親子丼のたれ 172
いなりずしのあげの煮汁 174
すし酢 176

酢の物・あえ物

炊き込みごはんのたれ（しょうゆ味） 178
炊き込みごはんのたれ（塩味） 180
めんつゆ 182
みそ煮込みうどんのつゆ 184
ソーメンチャンプルーのたれ 186
しょうゆ焼きそばのたれ 188
冷やし中華のたれ 190
ビビンめんのたれ 192
パッタイのたれ 194
ナポリタンのたれ 196
カルボナーラのたれ 198

三杯酢 202
甘酢 204
酢みそ 206
おひたしのあえ汁 208
ごまあえのたれ 210
白あえのあえごろも 212
チャプチェのたれ 214
ガドガドのたれ 216

ドレッシング

ごはんが美味しくなる話

大さじと小さじ 40／だし汁 62／さしすせそ 88／ハーブとスパイス 118／鶏がらスープとチキンスープ 136／料理用語 154／いろいろな調味料 168／材料の切り方 200／料理名 218

材料別料理・index 230

フレンチドレッシング 220
イタリアンドレッシング 222
和風ドレッシング 224
中華風ドレッシング 226
韓国風ドレッシング 228

本書の使い方

◎たれとソースは作りやすい分量、活用レシピの材料はすべて2人分です。
◎大さじ1は15cc、小さじ1は5cc、1カップは200ccです。

デザイン　金倉デザインルーム
協力　佐藤美智代
カバー写真　(c) minowa studio/amanaimages

万能だれ・万能ソース

さまざまな料理に活用できる、応用力抜群のたれとソースです。

◎冷蔵庫で1週間ほど保存できます。

和食

梅だれ

梅のさわやかな酸味がほどよくきいたさっぱりだれ

梅肉	砂糖	しょうゆ
大さじ4	大さじ2	大さじ1

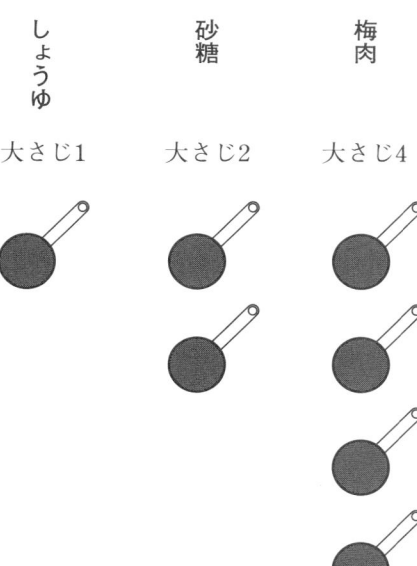

酢 大さじ1

作り方

すべての調味料を混ぜ合わせる。

活用レシピ

ゆでた野菜や薄切り肉をあえたり、ドレッシングやマヨネーズに混ぜても。

玉ねぎとアスパラの梅肉あえ
玉ねぎ1/2コは1cm幅のくし形切り、アスパラガス6本は3cm長さに切る。それぞれ20〜30秒ゆでて冷水にとり、水気をきってたれ大さじ2〜3であえる。

かじきまぐろの梅焼き
かじきまぐろ2切れに塩と酒少々をふり、グリルで焼く。ほぼ火がとおったら表面にたれを大さじ1ずつぬり、さらに1〜2分表面が乾く程度まで焼く。

豚肉と長ねぎの梅炒め
豚こま切れ肉100g、1cm幅の斜め切りにした長ねぎ1本を炒める。豚肉に火がとおったら、たれ大さじ2〜3を加えて炒め合わせる。

和食

昆布しょうゆ薬味だれ

昆布のだしがきいている、風味豊かな和風だれ

しょうゆ	みりん	昆布
$\frac{1}{2}$ カップ	$\frac{1}{2}$ カップ	3cm角1枚

長ねぎ
みじん切り 大さじ3

しょうが
みじん切り 大さじ1

作り方

すべての調味料を混ぜ合わせる。

活用レシピ

ゆでて水気をしぼった葉野菜にかけたり、3倍の水で割れば煮物の煮汁に。

青梗菜（チンゲンサイ）の薬味あえ

青梗菜1株は根元を落として葉をはがし、熱湯で色よくゆでて冷水にとる。水気をよくしぼって3cm幅に切り、たれ大さじ1〜2であえる。

薄切り肉の薬味煮

鍋にたれ1/4カップと水3/4カップを合わせて煮立て、豚ロース薄切り肉150gを加え火をとおす。アクを取ってさらに2〜3分煮る。

和食

じゃこしょうゆだれ

じゃこのうまみたっぷりの甘めのしょうゆだれです

しょうゆ	みりん	砂糖
$\frac{1}{4}$ カップ	$\frac{1}{4}$ カップ	大さじ1

ちりめんじゃこ	1カップ
水	1/2カップ

作り方

すべての調味料を合わせ、2分ほど煮立てる。

活用レシピ

冷奴にかけたり、同量～1・5倍の水で薄めてめんつゆにしたり。

小松菜の煮浸し

鍋にたれ1/2カップと水1/2カップを合わせ、煮立ったところに4cm幅に切った小松菜を加える。上下を返し、しんなりするまで2～3分煮る。

じゃこチャーハン

ごま油大さじ2で茶碗2杯分のごはんをぱらりとするまで炒める。鍋肌からたれ大さじ4～5をまわし入れて炒め、あさつきの小口切りを加えて混ぜる。

和食

ごまみそだれ

みそのコクとごまの香ばしさが口いっぱいに広がります

みそ 大さじ6

砂糖 大さじ3

みりん 大さじ3

削りがつお $\frac{1}{2}$ カップ

すりごま（白） 大さじ4

作り方

すべての調味料を混ぜ合わせる。

活用レシピ

炒め物やあえ物の味つけに。たれ大さじ4〜5に対して水1カップを加えれば煮物の煮汁に。

ししとうのみそ炒め
斜め半分に切ったししとう20本をサラダ油大さじ1で炒め、たれ大さじ3〜4を加えて炒め合わせる。

さといものごまみそあえ
さといも2〜3コは皮をむいてひと口大に切り、塩でもんでぬめりを洗い落とす。やわらかくなるまでゆでたら湯を捨て、たれ大さじ3〜4であえる。

中華

中華風薬味だれ

オイスターソースが隠し味。薬味もたっぷりで食欲をそそられます

酢	しょうゆ	砂糖	オイスターソース
大さじ3	大さじ3	大さじ1	小さじ1

万能だれ・万能ソース

ごま油	小さじ1
長ねぎみじん切り	大さじ2
しょうがみじん切り	小さじ1
にんにくみじん切り	小さじ1

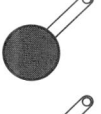
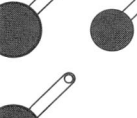

作り方
すべての調味料を混ぜ合わせる。

活用レシピ
ぎょうざやしゅうまいのつけだれにしたり、蒸し鶏やゆで豚をあえたり。鶏のから揚げにかければ油淋鶏(ユーリンチー)に、豆腐にかければ中華風奴に。

豆板醤酢

中華

ピリリとした辛さがアクセント、炒め物にも活用できます

酢　大さじ3

しょうゆ　小さじ1

豆板醤　小さじ2

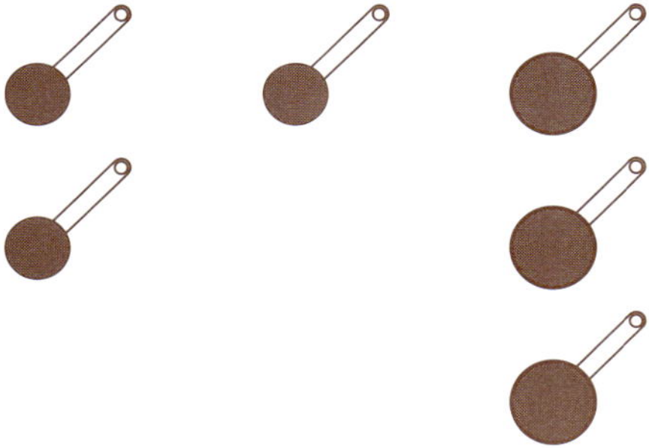

砂糖　小さじ1

ごま油　小さじ1

作り方

すべての調味料を混ぜ合わせる。

活用レシピ

ぎょうざや春巻きのつけだれにしたり、春雨や冷奴にかけたり。

セロリの中華風即席漬け
セロリ1本は筋をひいて7〜8mm角、4cm長さに切る。たれ大さじ2であえ、味がなじむまでおく。

もやしの酢炒め
豚ひき肉50gは酒大さじ1をふり、ごま油大さじ1でぽろぽろになるまで炒める。もやし1袋を加えてさっと炒め、たれ大さじ3〜4を鍋肌からまわし入れて塩少々で味をととのえる。

中華

オイスターソースだれ

豊かな香りとコクがあとをひくおいしさです

オイスター
ソース 大さじ1

しょうゆ 大さじ1

ごま油 大さじ1

こしょう　少々

作り方

すべての調味料を混ぜ合わせる。

活用レシピ

ピータンにかけたり、蒸し鶏やゆで野菜をあえたり。魚の照り焼き、チャーハンや焼きそばの味つけにも。

牛肉とトマトの炒め物

牛こま切れ肉150gに塩こしょうし、片栗粉小さじ1をまぶす。サラダ油でにんにくの薄切り1かけ分を炒め、香りが立ったら牛肉を加える。牛肉の色が変わったらひと口大に切ったトマト1コを加えてさっと炒め、たれ大さじ1〜2を鍋肌からまわし入れて手早く炒める。

豆腐のオイスターソース煮

木綿豆腐1丁は2cm幅に切って水気をふき、ごま油大さじ1/2で両面を焼きつける。こんがりしたら水1/4カップ、たれ大さじ1〜2を加え、2〜3分煮る。あさつきの小口切りを散らす。

キムチだれ

エスニック

素材を際立たせる、深みのある辛さと味わいです

水	だしの素 (煮干し・粉末)	昆布茶
1カップ	大さじ1	大さじ1

しょうが すりおろし	塩	砂糖	粉唐辛子
大さじ1	小さじ1	大さじ1/2	大さじ4

にんにく
すりおろし
大さじ1

作り方

昆布茶、だしの素、水を合わせて2分煮立てて冷ます。粉唐辛子、砂糖、塩、しょうが、にんにくを加えて混ぜる。

活用レシピ

生野菜をあえたり、肉や魚を漬け込んで焼いても。炒め物の味つけに利用すれればキムチ風炒め物に。

白菜キムチ

白菜3〜4枚はひと口大に切り、たれ大さじ3〜4を加えてしんなりするまでもみ込む。

豚肉とセロリの炒め物

豚ばら肉100gは3cm幅に切り、セロリは筋をひいて5mm幅の斜め切りにする。豚肉をかりかりになるまで炒め、セロリを加えてさっと炒め、たれ大さじ2〜3をからめる。

きゅうりと大根のキムチ

きゅうり1本は縦4つ割りにして4cm長さに、大根4cmは1cm角の棒状に切る。たれ大さじ3〜4をからめ、しんなりするまでおく。

エスニック

ヤンニョムジャン

韓国に古くから伝わるピリリと辛いたれです

しょうゆ 大さじ6

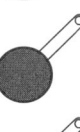

砂糖 大さじ2

ごま油 大さじ2

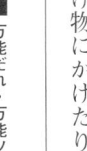

万能だれ・万能ソース

すりごま（白） 大さじ2

粉唐辛子 大さじ1

にんにくすりおろし 小さじ1

作り方 すべての調味料を混ぜ合わせる。

活用レシピ チヂミやぎょうざのたれにしたり、揚げ物にかけたり、ゆでた野菜や魚介などをあえたり。たれ大さじ2に水1カップを加えれば煮魚の煮汁にも。

エスニック

サムジャン

にんにくの風味がきいた、肉にも野菜にも合うたれです

コチュジャン	みそ	ごま油	しょうゆ
大さじ4	大さじ4	大さじ3	大さじ3

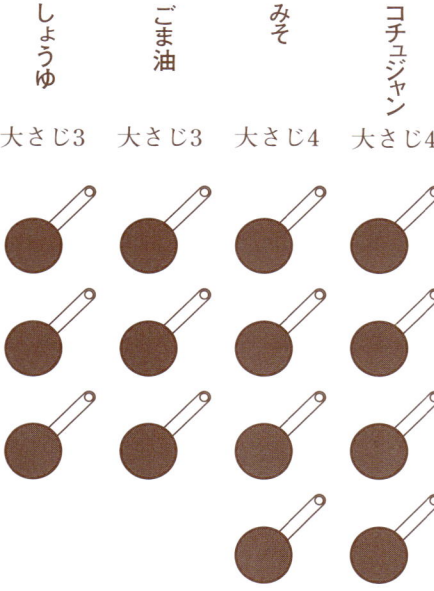

長ねぎみじん切り	大さじ3
ごま（白）	大さじ2
にんにくすりおろし	小さじ1

作り方

すべての調味料を混ぜ合わせる。

活用レシピ

焼き肉のたれ、炒め物の味つけに。

ゆで豚と三つ葉のあえ物
しゃぶしゃぶ用豚肉100gをゆでて冷水にとり、水気をよくきる。三つ葉1束は色よくゆで、3cm幅に切る。たれ大さじ2であえる。

にんにくの芽のみそ炒め
にんにくの芽を3cm長さに切って炒め、鮮やかな色になったらたれを加えて炒め合わせる。

エスニック

エスニックソース

ナンプラーの個性的な味がクセになりそうです

ナンプラー 大さじ2

レモン汁 大さじ2

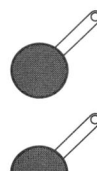

砂糖 大さじ1

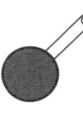

万能だれ・万能ソース

にんにく
みじん切り　小さじ1

刻み唐辛子　小さじ1

作り方

すべての調味料を混ぜ合わせる。

活用レシピ

生野菜、ゆでた魚介や肉にかけて。

にんじんのソムタム風

にんじん1本は細切り、玉ねぎ1/4コは薄切り、香菜3本は刻む。桜えび大さじ2はからいりし、ピーナッツ大さじ1は刻む。ソース大さじ2であえる。

春雨サラダ

春雨30gはゆでて食べやすい長さに刻む。えび6尾は頭、背わた、殻、尾を取ってゆでる。にんじん、セロリ、玉ねぎは薄切り、万能ねぎは2cm幅に切る。ソース大さじ2〜3であえる。

スイートチリソース

エスニック

甘味、辛味、酸味のバランスが絶妙です

トマトピューレ 大さじ4

豆板醤 大さじ2

酢 大さじ2

万能だれ・万能ソース

砂糖　大さじ2

ナンプラー　大さじ1

にんにくすりおろし　小さじ1

作り方

すべての調味料を混ぜ合わせる。

活用レシピ

タイ風卵炒め

生野菜、蒸した魚、から揚げにかけて。豚ひき肉と野菜のみじん切りを炒め、溶き卵を加えてソースで調味する。

洋食

トマトソース

パスタに煮込み料理にと大活躍のみんな大好きな味です

トマト水煮
(缶詰)
2カップ

玉ねぎ
みじん切り
2カップ

セロリ
みじん切り
$\frac{1}{2}$カップ

塩
小さじ1

こしょう
少々

ローリエ
1枚

にんにくみじん切り	小さじ1
オリーブ油	大さじ2
タイム	小さじ$\frac{1}{2}$
オレガノ	小さじ$\frac{1}{2}$

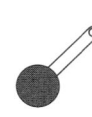

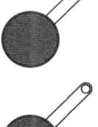

作り方

オリーブ油で玉ねぎ、セロリ、にんにくをしんなりするまで炒める。トマト水煮、塩、こしょう、ローリエ、タイム、オレガノを加え、トマトをつぶしながら汁気がなくなるまで煮る。

活用レシピ

パスタソース、ピザソースに。煮込み料理にも利用できる。

ベーコンとトマトのパスタソース
ベーコン100gは2cm幅に切り、オリーブ油でかりかりになるまで炒める。ソース1カップを加えてひと煮立ちさせる。

いわしのトマト煮
いわし2尾は頭と内臓を取り除いて水でよく洗い、水気をふいてオリーブ油で両面をこんがりと焼く。白ワイン$\frac{1}{4}$カップ、ソース1カップを加え、ふたをして5〜6分煮る。

万能だれ・万能ソース

洋食

アンチョビにんにくオイル

さっとからめるだけでイタリアンに変身します

- オリーブ油 大さじ2
- にんにくみじん切り 大さじ1
- アンチョビみじん切り 大さじ1

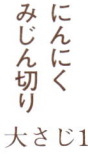

作り方

オリーブ油とにんにくを合わせ、弱火で炒める。にんにくがこんがりときつね色になったら、火からおろしてアンチョビを混ぜ合わせる。

活用レシピ

魚介や鶏肉を炒め、最後に加えてからめたり、野菜サラダにそのままかけたり。カルパッチョのソースにも。

トマトとチーズのサラダ

ミニトマト10コはへたを取って半分に切る。モッツァレラチーズ1コは1cm角に切る。トマトとチーズを合わせ、オイル大さじ1であえる。

じゃがいものサラダ

じゃがいも1コは皮をむいてひと口大に切り、やわらかくゆでたら湯を捨て、鍋をゆすって水分をとばして粉ふきいもにする。熱いうちにオイルを加えてあえ、玉ねぎのみじん切り大さじ2を加えてさっくり混ぜ合わせる。

アボカドとたいのサラダ

アボカド1/2コは1cm角に切り、レモン汁小さじ1をまぶす。たい（刺身用）1サクは1cm角に切る。アボカドとたいを合わせ、オイル大さじ1であえる。

アンチョビパスタ

パスタ100gをゆでて湯をきり、オイルであえる。

大さじと小さじの話

おいしいたれやソースを作るために、正しい計量スプーンの使い方を習得しましょう。

[液体を計量する場合]

大さじ1・小さじ1
計量スプーンの縁のぎりぎりまで入れる。

1/2・1/3・1/4
計量スプーンは底にいくほど狭くなるので、1/2はスプーンの7〜8割、1/3は5〜6割、1/4は2〜3割を目安にする。

[粉物を計量する場合]

大さじ1・小さじ1
大さじ1・小さじ1というのは、すりきりで1杯のこと。材料を多めにすくったら、別の軽量スプーンの柄などで余分な粉を落として、表面を平らにならす。

1/2・1/3・1/4
さじ1杯を作ったら、別の計量スプーンの柄などを表面に対して垂直に差し入れ、1/2なら半分を、1/3なら2/3を、1/4なら3/4を払い落とす。

ごはんが美味しくなる

煮物のたれ

煮魚、肉じゃが、きんぴらなど、おなじみのおそうざいの味が勢ぞろい。

和食

煮魚の煮汁（しょうゆ味）

失敗しがちな魚の煮つけがおいしく作れます

しょうゆ　大さじ2

酒　大さじ3

みりん　大さじ1

水　$\frac{3}{4}$ カップ

作り方

すべての調味料を混ぜ合わせる。

活用レシピ

きんめだいの煮つけ
鍋に煮汁を合わせ強火にかける。煮立ったらきんめだい2切れを入れ、再び煮立ったら落としぶたをして中火で約15分煮る。

にらと桜えびの卵とじ
にら1束は2cm幅に切る。鍋に煮汁を合わせ強火にかける。煮立ったら、桜えび大さじ2を加えて1〜2分煮る。にらがしんなりしたら卵2コを溶いて入れ、ふたをして卵が好みのかたさになるまで弱火で火をとおす。

豚肉のおろし煮
鍋に煮汁を合わせ強火にかける。煮立ったら豚薄切り肉200gを加え、中火で3〜4分、菜ばしなどで混ぜながら煮る。水気をきった大根おろし$\frac{1}{2}$カップを入れ、ひと煮する。

和食

煮魚の煮汁（みそ味）

こってりしたみそ味のたれは、青魚や肉と相性抜群です

酒	みそ	砂糖
大さじ2	大さじ2	大さじ2

水 $\frac{3}{4}$ カップ

作り方

すべての調味料を混ぜ合わせる。

活用レシピ

さばのみそ煮
鍋に煮汁を合わせ強火にかける。煮立ったらさば2切れを入れる。再び煮立ったら中火にし、落としぶたをして7〜8分煮る。3cm長さに切った長ねぎ1本を加え、ときどき煮汁をかけながらさらに7〜8分煮る。

さつまいものみそ煮
さつまいも1本は1cm幅の輪切りにし、水に10分さらして水気をふく。ごま油でこんがりと焼き、煮汁を加えて落としぶたをし、中火で15分、さつまいもがやわらかくなるまで煮る。

豚肉とごぼうのみそ煮
豚ばら薄切り肉200gは5cm幅に切って炒め、ごぼうのささがき1/2本分を加えてさらに炒める。煮汁を加え、汁気がほぼなくなるまで煮る。

和食

角煮のたれ

甘辛のしょうゆ味はごはんにもお酒にもぴったりです

酒	みりん	しょうゆ
1カップ	大さじ4	大さじ3

砂糖　大さじ1

水　1/2カップ

作り方

すべての調味料を混ぜ合わせる。

活用レシピ

豚の角煮
豚ばらかたまり肉600gは3cm幅に切り、フライパンで表面を焼きつける。鍋に豚肉、たっぷりの湯、ぶつ切りの長ねぎ、しょうがを加え約1時間半ゆでる。ゆで汁に入れたままひと晩おき、肉を取り出して脂を洗い落とす。別の鍋に豚肉とたれを入れて40分煮る。

手羽先のしょうゆ煮
鍋にたれを入れて火にかけ、煮立ったら手羽先8本を入れ、落としぶたをして中火で20〜30分煮る。

和食

肉じゃがのたれ

みんな大好きな〝おふくろの味〟の決定版

しょうゆ	酒	砂糖
大さじ2	大さじ2	大さじ$\frac{1}{2}$

作り方

すべての調味料を混ぜ合わせる。

活用レシピ

肉じゃが

じゃがいも3コはひと口大に、玉ねぎ1/2コは細切りにする。サラダ油大さじ1でじゃがいもを炒め、こんがりしたら玉ねぎ、牛こま切れ肉100gを炒め合わせる。たれを加えて水をひたひたに注ぎ、強火にする。煮立ったら中火にしてアクを取り、落としぶたをする。ときどき上下を返しながら、汁気がほとんどなくなるまで煮る。

かぼちゃのしょうゆ煮

かぼちゃ1/4コは種とわたを取り除き、ひと口大に切って鍋に入れる。水をひたひたに注いで中火にかけ、たれを加えて落としぶたをして、やわらかくなるまで15〜20分煮る。

もやしとひき肉のいり煮

フライパンにたれを入れ、豚ひき肉150gを加えてよく混ぜてから中火にかける。かき混ぜながら火をとおし、肉がぽろぽろになったら根をつんだもやし1袋、湯1/4カップを加え、強火にしてひと煮する。

煮物のたれ

和食

きんぴらのたれ

どんな野菜でも、おいしいきんぴらが作れます

しょうゆ	酒	みりん	砂糖
大さじ1	大さじ2	大さじ2	小さじ1

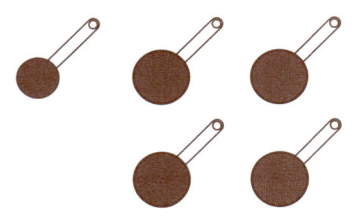

塩 小さじ $\frac{1}{2}$

だし汁 $\frac{1}{4}$ カップ

作り方

すべての調味料を混ぜ合わせる。

活用レシピ

きんぴらごぼう
ごま油で輪切りの唐辛子少々、細切りにしたごぼう1本とにんじん1/2本を4〜5分炒める。油がよくなじんだらたれを加え、汁気がなくなるまで煮る。

こんにゃくの青のり煮
こんにゃく1枚は5mm幅に切って下ゆでし、からいりする。水気がとんだらたれを加え、弱火で汁気がなくなるまで煮る。火からおろし、青のり大さじ2をまぶす。

煮物のたれ

炊き合わせのたれ

和食

煮込むほどに素材のうまみを引き出します

しょうゆ	酒	みりん	砂糖
小さじ1	大さじ2	大さじ2	大さじ1

塩　小さじ $\frac{1}{2}$

だし汁　2カップ

作り方

すべての調味料を混ぜ合わせる。

活用レシピ

炊き合わせ
皮をむいたさといも2コ、1cm幅に切ったにんじん2枚は下ゆでする。たれを煮立て、ひと口大に切った鶏もも肉1/2枚、さといも、にんじんを加えて7〜8分煮る。しめじ、絹さやを加えてひと煮する。

高野豆腐とえびの煮物
たれを煮立て、背わたを取ったむきえびを加えて火をとおして取り出す。ひと口大に切った高野豆腐を加えて10〜12分煮て、えびをもどす。

和食

含め煮のたれ

だしのきいた甘めのたれは根菜類と好相性

しょうゆ	酒	みりん
小さじ1	大さじ1	大さじ1

塩　小さじ $\frac{1}{4}$

だし汁　$1\frac{1}{2}$カップ

- **作り方**

すべての調味料を混ぜ合わせる。

- **活用レシピ**

かぼちゃの含め煮

かぼちゃ1/4コは種とわたを取り除いてひと口大に切る。鍋にたれとかぼちゃを入れる。落としぶたをして、中火でかぼちゃがやわらかくなるまで煮る。

さつまいものレモン煮

さつまいも1本は2㎝幅に切る。鍋にたれ、さつまいも、レモンの輪切り2枚を入れ、落としぶたをして中火にかける。さつまいもがやわらかくなったらレモン汁大さじ1を加えて混ぜる。

煮物のたれ

和食

煮浸しのたれ

青菜や淡白な食材によく合うあっさり系のたれです

しょうゆ　小さじ $\frac{1}{2}$

みりん　大さじ1

塩　小さじ $\frac{1}{3}$

だし汁　1カップ

作り方

すべての調味料を混ぜ合わせる。

活用レシピ

小松菜の煮浸し
小松菜1/2束は4〜5cm幅に切る。鍋にたれを入れて火にかけ、煮立ったところに小松菜を加える。混ぜながらしんなりするまで1〜2分煮る。

きのこのさっと煮
しめじ1パックは石づきを取ってほぐし、しいたけ4枚は石づきを取って5mm幅に切る。たれを煮立て、しめじ、しいたけを加える。混ぜながらくったりするまで2〜3分煮る。

さけのソテーねぎあんかけ
さけ（またはさわら）2切れに塩こしょうし、サラダ油やバターでソテーして火をとおす。鍋にたれを入れて煮立て、小口切りにした長ねぎ1本を加え、しんなりしたら水溶き片栗粉でとろみをつけ、もりつけたさけにかける。

中華

中華風しょうゆ煮込みのたれ

八角の独特な風味がきいた本格的な味わいです

しょうゆ	酒	砂糖
大さじ3	大さじ3	大さじ1/2

八角 1かけ

ブイヨン 2カップ

作り方 すべての調味料を混ぜ合わせる。

活用レシピ

じゃがいもと豚肉の煮物
じゃがいも2コは皮をむいてひと口大に切る。ごま油でじゃがいも、豚角切り肉200gを炒め、豚肉の表面に焼き色がついたらたれを加える。アクを取りながら20〜30分、豚肉がやわらかくなるまで煮る。

小あじの中華煮
小あじ6尾はえら、内臓を取り除き、素揚げする。鍋にあじ、たれの1/2量を加え、落としぶたをして煮汁がなくなるまで煮る。

煮物のたれ

中華

中華風みそ煮込みのたれ

こってり照りよく仕上がります

甜麺醤(テンメンジャン)	酒	オイスターソース	しょうゆ
大さじ2	大さじ3	小さじ2	小さじ1

煮物のたれ

砂糖	大さじ1
にんにくみじん切り	小さじ1
ブイヨン	$1\frac{1}{2}$カップ

作り方
すべての調味料を混ぜ合わせる。

活用レシピ

鶏肉のみそ煮
手羽元8本はごま油でこんがり焼く。たれを加え、中火で30〜40分煮る。

厚揚げのみそ煮
豚ひき肉100g、長ねぎのみじん切り10cm分をごま油で炒める。ひき肉がぽろぽろになったらたれを加え、油抜きしてひと口大に切った厚揚げを加えて7〜8分煮る。水溶き片栗粉でとろみをつける。

市販の顆粒だしを使ってもいいですが、自分でだし汁をとれば味も格別です。冷蔵庫で2〜3日、保存できます。みそ汁を作るときにも活用できるので、多めに作っておくとよいでしょう。

［だし汁のとり方］
1 鍋に水2カップ、昆布5センチ角1枚を入れ、弱火にかける。
2 沸騰直前に昆布を取り出す。
3 強火にし、沸騰したら削りがつおひとつかみ（8グラム）を加えて火を止める。
4 削りがつおが鍋底にすっかり沈むまでおく。
5 だしをざるでこす。

だし汁の話

ごはんが美味しくなる

炒め物のたれ

お好みの材料を炒めたら、あとは手早くたれをからめるだけ！

和食

みそ炒めのたれ

赤みそを使った上品な味わいが特徴です

赤みそ　大さじ3

しょうゆ　小さじ$\frac{1}{2}$

みりん　大さじ1

砂糖　大さじ4

作り方

すべての調味料を混ぜ合わせる。

活用レシピ

豚肉とれんこんのみそ炒め
豚こま切れ肉200gをごま油で炒める。こんがりしたら乱切りにしたれんこん1節、たれを加えて炒め合わせ、全体がなじんだら完成。

なべしぎ
なす4本は皮を縞目にむいて乱切りにする。ごま油大さじ2でなすをこんがりするまで炒め、だし汁3/4カップでのばしたたれを加える。混ぜながら汁気がなくなるまで炒め煮する。

ねぎみそ焼き
たれ大さじ3にあさつきの小口切り大さじ2を混ぜ合わせる。とんかつ用豚肉2枚に軽く塩こしょうし、グリルまたは焼き網で焼く。ほぼ火がとおったら、たれを表面にぬり、こんがりするまで焼く。

和食

辛子酢炒めのたれ

さわやかな酸味とピリッとした辛さが**絶妙**です

酢	砂糖	しょうゆ
大さじ4	大さじ2	大さじ2

ねり辛子 大さじ$\frac{1}{2}$

作り方
すべての調味料を混ぜ合わせる。

活用レシピ

ほたて貝柱の辛子酢炒め
ほたて貝柱12コは小麦粉をはたきつけ、ピーマン1コは乱切りにする。サラダ油大さじ1でほたてを炒め、こんがりしたらピーマンを加えて炒め、たれを全体にからめる。

チキンソテー辛子酢がけ
鶏もも肉1枚は大きめのひと口大に切り、塩、こしょう、おろしにんにく各さじ2であえる。少々をもみ込み、小麦粉をはたきつける。サラダ油でこんがり焼いてたれを加え、全体にからめる。

焼き豚と焼きねぎの辛子酢あえ
焼き豚3～4枚は細切りにする。長ねぎ1本は焼き網で軽く色づく程度に焼き、半分に切って5mm幅の斜め切りにする。焼き豚とねぎを合わせ、たれ大さじ2であえる。

和食

蒲焼きのたれ

ごはんによく合うおなじみの甘辛いたれです

しょうゆ	砂糖	酒
大さじ2	大さじ1	大さじ1

みりん　小さじ1

作り方

すべての調味料を混ぜ合わせる。

活用レシピ

いわしの蒲焼き
いわし2尾はうろこ、頭、内臓を取り除き、手開きにして中骨を取り、腹骨を包丁でそぎ取る。フライパンにサラダ油を熱し、いわしを入れて両面を焼き、火がとおったらたれを加えて全体にからめる。

鶏肉のきじ焼き
鶏もも肉1枚は両面をフォークでさしてたれに漬け込み、20～30分おく。汁気をきって、サラダ油でこんがりと両面を焼く。

牛肉とにらの炒め物
牛こま切れ肉200gをサラダ油で炒め、色が変わったら3cm長さに切ったにら1束を加えて炒め合わせる。たれを加え、汁気をとばすようにしてさらに炒める。

中華

チンジャオロースーのたれ

オイスターソースの濃厚な風味はお弁当のおかずにも◎

オイスターソース	しょうゆ	酒
大さじ1	小さじ1	大さじ1

こしょう　少々

おろし
にんにく　小さじ$\frac{1}{4}$

作り方
すべての調味料を混ぜ合わせる。

活用レシピ

チンジャオロースー
焼き肉用牛肉150gは細切りにし、塩こしょうして片栗粉をまぶす。ピーマン4コは細切り、長ねぎ1/2本は斜め薄切りにする。ごま油で牛肉を炒め、火がとおったらピーマン、ねぎを加えて炒め、たれを加えて混ぜる。

いかとセロリのあえ物
いかの胴体を5mm幅の輪切りにしてゆでる。水気をきって熱いうちにたれをからめる。筋をひいて斜め薄切りにしたセロリ1本を加えて混ぜる。

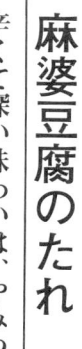

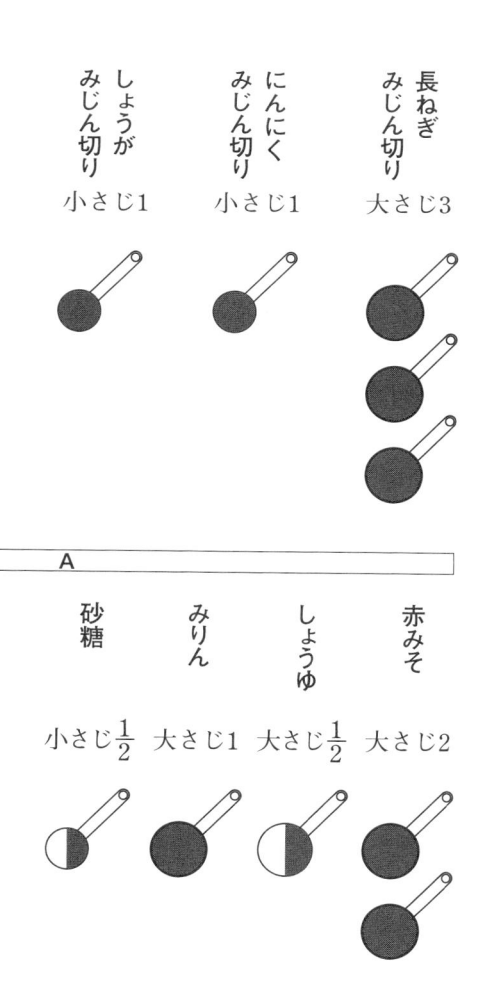

中華

麻婆豆腐のたれ

辛くて深い味わいは、やみつきになるおいしさ

長ねぎ みじん切り	にんにく みじん切り	しょうが みじん切り
大さじ3	小さじ1	小さじ1

A

赤みそ	しょうゆ	みりん	砂糖
大さじ2	大さじ$\frac{1}{2}$	大さじ1	小さじ$\frac{1}{2}$

サラダ油　大さじ1

豆板醤　小さじ1
オイスターソース　小さじ1

作り方

長ねぎ、にんにく、しょうがをサラダ油で炒める。Aを合わせて加え混ぜ、ひと煮立ちさせる。

活用レシピ

麻婆豆腐
豚ひき肉50gをサラダ油大さじ1/2で炒め、ぽろぽろになったらたれを加え、全体がなじむまでさらに炒める。湯3/4カップを加え、煮立ったら豆腐1丁を加えてへらなどでひと口大に切る。5〜6分煮たら水溶き片栗粉をまわし入れてとろみをつける。

ぶりの麻婆煮
ぶり2切れを両面がこんがりするまでサラダ油で焼き、たれ、湯1/2カップを加える。煮立ったら約10分煮る。

中華

えびチリのたれ

ケチャップの甘味と豆板醤のピリ辛がベストバランス

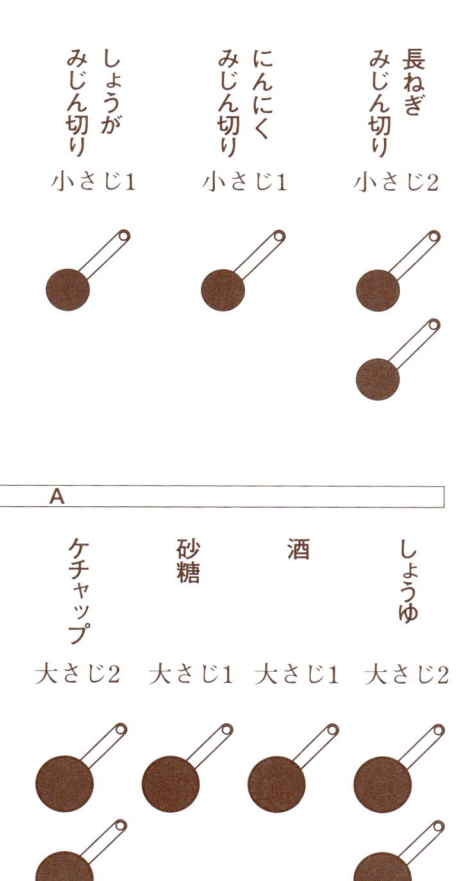

長ねぎ
みじん切り
小さじ2

にんにく
みじん切り
小さじ1

しょうが
みじん切り
小さじ1

A

しょうゆ 大さじ2
酒 大さじ1
砂糖 大さじ1
ケチャップ 大さじ2

サラダ油　大さじ1

豆板醤　小さじ1
オイスターソース　小さじ1

作り方

長ねぎ、にんにく、しょうがをサラダ油で炒める。Aを順に加え混ぜ煮立てる。

活用レシピ

えびチリ

えび16尾は足を取り、殻ごと背開きにして背わたを取る。サラダ油大さじ1でえびを炒め、色が変わったらたれを加えて強火にし、汁気がなくなるまで炒める。

豚肉ときゅうりの炒め物

豚こま切れ肉100gをサラダ油で炒める。火がとおったら5mm幅に斜め切りにしたきゅうり1本を加えてさっと炒め、たれを加える。汁気がなくなるまでよく炒める。

中華

えびマヨ炒めのたれ

クリーミーでリッチな味に仕上がります

マヨネーズ 大さじ3

砂糖 小さじ1

豆板醤 小さじ1

オイスター
ソース　小さじ $\frac{1}{2}$

おろし
にんにく　小さじ $\frac{1}{4}$

作り方

すべての調味料を混ぜ合わせる。

活用レシピ

えびマヨ
えび12尾は足を取り、殻ごと背開きにして背わたを取る。塩、酒各少々をもみ込み、片栗粉大さじ1をまぶす。サラダ油大さじ1でえびを炒め、火がとおったらたれを加えて炒め合わせる。

さけのマヨネーズ焼き
さけ2切れに塩こしょうし、小麦粉をはたきつける。サラダ油でさけをソテーし、ほぼ火がとおったら表面にたれをぬり、ふたをして弱火で2分、蒸し焼きにする。

中華

ホイコーローのたれ

辛みのきいたこっくりみそ味でごはんがすすみます

甜麺醤	しょうゆ	酒
大さじ4	大さじ1	大さじ1

豆板醤 小さじ1

オイスターソース 小さじ$\frac{1}{2}$

作り方
すべての調味料を混ぜ合わせる。

活用レシピ

ホイコーロー
しょうが、にんにく各1かけは薄切りにしてごま油で炒め、香りが立ったらひと口大に切った豚ばら薄切り肉200gを加える。豚肉がこんがりしたら、ひと口大に切ったきゃべつ3枚分とたれを加えて炒め合わせる。

鶏肉とねぎのみそ炒め
鶏もも肉はひと口大のそぎ切り、長ねぎ1本は2cm幅に切ってサラダ油で炒め、鶏肉がこんがりしたらたれを加えて炒め合わせる。

中華

酢豚のたれ

甘ずっぱいケチャップ味は大人から子供まで大人気

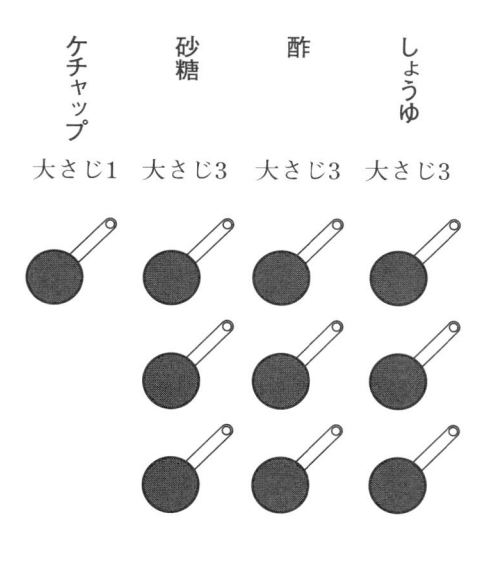

しょうゆ	酢	砂糖	ケチャップ
大さじ3	大さじ3	大さじ3	大さじ1

水　　　　　1カップ

片栗粉　　　大さじ1$\frac{1}{3}$

作り方

すべての調味料を混ぜ合わせる。

活用レシピ

酢豚

豚角切り肉200gに塩、酒、しょうが汁をもみ込み片栗粉をまぶす。サラダ油でにんにくを炒め、香りが立ったら豚肉を炒め、くし形切りにした玉ねぎ、乱切りにして下ゆでしたにんじん、乱切りにしたピーマンを加え、たれを加えて混ぜながら煮立てる。

中華

青菜炒めのたれ

野菜炒めの万能だれは、オイスターソースが隠し味

砂糖 小さじ1

塩 小さじ$\frac{1}{3}$

オイスターソース 小さじ$\frac{1}{2}$

湯　　 $\frac{1}{4}$ カップ

輪切り
唐辛子　小さじ1

作り方

すべての調味料を混ぜ合わせる。

活用レシピ

青菜炒め
青梗菜2株は4cm長さに切り、根元は縦半分に切ってさらに縦に5mm幅に切る。サラダ油大さじ1をよく熱し、根元を炒めたら葉とたれを加えてふたをし、2分蒸し焼きにする。ふたを取って強火にして水分をとばす。

トマトの塩あえ
トマト2コはざく切りに、にんにく1かけはみじん切りにしてボウルに入れる。たれを煮立て、トマトにかけて手早くあえる。

炒め物のたれ

エスニック

エスニック炒めのオイスターだれ

ピリッとクセのある味は、あとをひくおいしさです

ナンプラー　大さじ1

砂糖　大さじ$\frac{1}{2}$

オイスターソース　小さじ1

炒め物のたれ

水	にんにくみじん切り	刻み唐辛子
大さじ2	小さじ1	小さじ1

作り方

すべての調味料を混ぜ合わせる。

活用レシピ

鶏肉のバジル炒め

そぎ切りの鶏むね肉と細切りの玉ねぎを炒め、しめじを加えて炒める。たれとバジル4〜5枚を加えて炒める。

85

エスニック

エスニック炒めのみそだれ

暑さを吹き飛ばす力強い味です

オイスターソース 大さじ2

みそ 大さじ1/2

ナンプラー 大さじ1

炒め物のたれ

砂糖 小さじ1

にんにくみじん切り 小さじ1

刻み唐辛子 小さじ1

作り方
すべての調味料を混ぜ合わせる。

活用レシピ
空芯菜炒め
空芯菜1束は葉と茎に分け、茎は斜めに切りに。サラダ油を熱して茎、葉の順に炒め、たれを加えて炒め合わせる。

さしすせその話

ごはんが美味しくなる話

「さしすせそ」とは、基本の調味料のことを指します。「さ」は砂糖、「し」は塩、「す」は酢、「せ」はしょうゆ、「そ」はみそで、昔からこの順番で味つけするといいといわれてきました。これらの調味料にはさまざまな種類があるので、たれによって使い分けたり、自分の好みにあった一品を探しておくとよいでしょう。

砂糖 上白糖はクセがなくどんな料理にもよく合う。三温糖や和三盆などの粗製糖はコクが出る。

塩 精製塩よりも、自然塩のほうがミネラル豊富でうまみがある。

酢 米酢、穀物酢、黒酢、りんご酢などがある。どんな料理にも使えるのが米酢と穀物酢。黒酢はコクがあり、りんご酢はさわやかな香りとすっきりした味わいが特徴。

しょうゆ 一般的に広く使われている濃口しょうゆ、薄い色が特徴の薄口しょうゆ、濃厚な味わいのたまりじょうゆなどがある。本書では濃口しょうゆを使用。

みそ 豆、麦、米などから作られ、甘口、辛口がある。色は白、赤、淡色に分けられる。

みりん 米と米麹に焼酎を加え、発酵させて作る甘味のある調味料。「みりん風調味料」よりも、本醸造の「みりん」を使ったほうがおいしく仕上がる。

漬け込みだれ

食欲を刺激する味つけで、
素材のおいしさを引き出します。

和食

しょうが焼きのたれ

しょうがの香りが食欲をそそります

しょうゆ 大さじ2

酒 大さじ1

みりん 大さじ1

おろししょうが　大さじ1

作り方

すべての調味料を混ぜ合わせる。

活用レシピ

豚肉のしょうが焼き
しょうが焼き用豚肉6枚は筋切りしてたれに漬け込み15分おく。フライパンにサラダ油を熱し、豚肉の汁気をきって広げて焼く。こんがりしたら残った漬けだれを加えて全体にからめる。

えのきだけの佃煮風
えのきだけ2袋は根元を切り落とし、3cm幅に切ってほぐして鍋に入れる。1/2量のたれを加えてふたをし、中火にかける。えのきだけがぐったりしたらふたを取り、混ぜながら汁気がなくなるまで煮る。

まぐろのあえ物
まぐろの赤身（サク・刺身用）150gはそぎ切りにしてたれであえる。玉ねぎの薄切り、ちぎった青じそ、あさつきの小口切りを加えて混ぜる。

和食

照り焼きのたれ

つやつやと照りよくおいしそうに仕上がります

しょうゆ 大さじ2

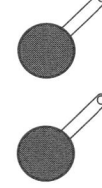

酒 大さじ1

みりん 大さじ1

作り方

すべての調味料を混ぜ合わせる。

活用レシピ

ぶりの照り焼き

ぶり2切れをたれに漬け込み、30～40分おく。汁気をよくふき取り、グリルまたは焼き網で火がとおるまで両面を焼く。

さけの鍋照り焼き

生さけ2切れをたれに漬け込み、30～40分おく。フライパンにサラダ油を熱し、汁気をふき取ったさけを入れ、火がとおるまで両面を焼く。

豚肉と玉ねぎの炒め物

フライパンにサラダ油を熱し、豚こま切れ肉200gを炒める。火がとおったら玉ねぎ、にんじん各50gの細切りを加えて炒め、しんなりしたらたれをまわし入れる。汁気をとばすようにして炒める。

さんまのしょうゆ煮

鍋にたれ、水1カップを加えて火にかけ、煮立ったらぶつ切りにしたさんま2尾を入れる。ときどき鍋をゆすってたれが全体にからむように混ぜ、ほとんど汁気がなくなるまで煮る。

和食

鶏のから揚げのたれ

粉さんしょうをきかせた大人の味です

しょうゆ	酒	みりん
小さじ1	大さじ1	大さじ1

塩 小さじ $\frac{1}{2}$

粉さんしょう 小さじ $\frac{1}{4}$

卵黄 1コ

● 作り方

すべての調味料を混ぜ合わせる。

● 活用レシピ

鶏のから揚げ

鶏もも肉2枚は大きめのひと口大に切り、たれをもみ込んで30分おく。汁気をきり、片栗粉をまぶして揚げる。

漬け込みだれ

和食

みそ漬けのみそ床

肉、魚、野菜、どんな素材でも上手に簡単につかります

酒	砂糖	みそ
大さじ1	大さじ2	大さじ3

しょうが汁 小さじ1

作り方

すべての調味料を混ぜ合わせる。

活用レシピ

さわらのみそ漬け
さわらの切り身（またはさけなど）2切れをたれに漬け込み、ひと晩おく。まわりのみそをぬぐい落とし、グリルまたは焼き網で両面を焼いてなかまで火をとおす。

豚肉のみそ漬け
とんかつ用豚肉2枚は筋切りし、包丁の背などで軽くたたいてたれに漬け込み、ひと晩おく。まわりのみそをぬぐい落とし、グリルまたは焼き網で両面を焼いてなかまで火をとおす。

ごぼうのみそ漬け
ごぼう1本は10cm長さに切り、約10分ゆでる。湯をきり、すりこ木などでたたいて割れ目を入れ、たれに漬け込みひと晩おく。まわりのみそを落とし、食べやすい大きさに切る。

和食

南蛮漬けのたれ

いつもの揚げ物も、このたれに漬ければまた格別です

酢
1/2 カップ

しょうゆ
小さじ1

砂糖
大さじ1

塩　小さじ1

輪切り唐辛子　小さじ1

作り方

すべての調味料を混ぜ合わせる。

活用レシピ

小あじの南蛮漬け
小あじ12尾はえら、ぜいご、内臓を取り除き、水洗いして水気をよくふき取る。170〜180度の油でこんがりするまでしっかり揚げ、油をよくきって熱いうちにたれに漬ける。

鶏肉の炒め漬け
鶏もも肉1枚はひと口大のそぎ切りにし、玉ねぎ1/2コは1cm幅のくし形切りにする。ごま油で鶏肉を炒め、こんがりしたら玉ねぎを加えてさっと炒め、たれに漬ける。

エスニック

プルコギのたれ

韓国の焼肉の味が、家庭で気軽に楽しめます

しょうゆ	砂糖	酒	こしょう
大さじ3	大さじ2	大さじ1	少々

漬け込みだれ

ごま油　　　　　大さじ1
しょうが汁　　　大さじ$\frac{1}{2}$
おろしにんにく　小さじ$\frac{1}{2}$
粉唐辛子　　　　小さじ1

作り方
すべての調味料を混ぜ合わせる。

活用レシピ
プルコギ
ロース、カルビなど好みの牛肉400gにたれをもみ込む。グリルやフライパンなどで焼く。

エスニック

サテのたれ

東南アジアの焼き鳥の味を、カレー粉で再現しました

ココナツミルク	砂糖	カレー粉
大さじ3	大さじ1	小さじ2

塩　小さじ $\frac{1}{4}$

こしょう　少々

サラダ油　大さじ1

作り方
すべての調味料を混ぜ合わせる。

活用レシピ
サテー
鶏むね肉1枚をひと口大に切り、たれをもみ込みひと晩おく。串に刺してグリルやフライパンでこんがり焼く。

エスニック

タンドリーチキンのたれ

スパイシーでジューシー、本格インド料理が楽しめます

材料	分量
プレーンヨーグルト	1/2カップ
トマトピューレ	大さじ2
カレー粉	大さじ2
しょうゆ	大さじ2

ガラムマサラ	小さじ $\frac{1}{2}$
おろしにんにく	小さじ $\frac{1}{4}$
こしょう	少々

作り方

すべての調味料を混ぜ合わせる。

活用レシピ

タンドリーチキン

骨つき鶏もも肉2本は、食べやすいように骨に沿って包丁で切り込みを入れ、皮目全体をフォークでつき刺す。塩を軽くふってよくもみ込み、たれに漬け込んでひと晩おく。まわりのたれを落とし、220度のオーブンで30〜40分こんがりと焼く。ラムチョップ4本でもおいしく作れる。

洋食

バーベキューソース

トマト味がベースの肉料理に欠かせないソースです

しょうゆ 1/2カップ

トマトピューレ 1/3カップ

赤ワイン 1/3カップ

塩 小さじ 1/2

材料	分量
こしょう	少々
サラダ油	大さじ2
玉ねぎ おろし	$\frac{1}{4}$カップ
にんにく おろし	小さじ1

作り方 すべての調味料を混ぜ合わせる。

活用レシピ

豚スペアリブのバーベキュー

豚スペアリブ4～6本をソースに漬け込み、ひと晩おく。汁気をふいて220度のオーブンで40～50分焼く。

洋食

マリネ液

肉や魚を漬け込めばしっとりやわらかに仕上がります

白ワイン	酢	塩	あらびき こしょう
大さじ2	小さじ1	小さじ$\frac{1}{2}$	小さじ$\frac{1}{4}$

サラダ油　大さじ2
にんにくみじん切り　大さじ2
玉ねぎみじん切り　大さじ1
タイム　1枝

作り方

すべての調味料を混ぜ合わせる。

活用レシピ

サーモンマリネのソテー

生さけ2切れをたれに漬け込み、ひと晩おく。汁気をふいて、サラダ油を熱したフライパンで火がとおるまで焼く。

洋食

野菜ピクルスのたれ

あまった野菜が活用できて、覚えておくと便利です

塩	砂糖	水	酢
小さじ$1\frac{1}{2}$	大さじ3	$2\frac{1}{2}$カップ	1カップ

粒こしょう 小さじ1

唐辛子 1本

ローリエ 1枚

作り方

水、砂糖、塩、粒こしょう、唐辛子、ローリエを合わせ、ひと立ちさせて冷まし、酢を加える。

活用レシピ

ミックス野菜のピクルス

きゅうり、大根、にんじんは細めの乱切りにし、軽く塩をふって20〜30分おき、水で洗って水気をしぼる。れんこん、ごぼう、カリフラワーは1〜2分ゆでて湯をきる。野菜をたれに漬ける。食べやすい大きさに切って塩でもんだセロリやかぶ、全体を竹串でつついたミニトマトでも同様に作れる。1回に漬ける野菜の総量は300〜400g。

和食

浅漬けのたれ

サラダ感覚で食べられる、あっさりした味つけです

酒	みりん	昆布茶
大さじ1	大さじ1	大さじ1

塩　小さじ $\frac{1}{2}$

水　$\frac{1}{2}$ カップ

作り方

すべての調味料を混ぜ合わせる。

活用レシピ

きゅうりのしそ漬け

きゅうり2本は皮を縞目にむいて7〜8mm幅の斜め切りに、青じそは適当にちぎる。きゅうりとしそを合わせてたれに漬け込み、軽くもんで20〜30分おく。しんなりしたら軽く水気をしぼる。

乱切りにしたセロリと縦4つ割りにしたみょうがでも同様に作れる。

菜の花漬け

菜の花は根元を落として色よくゆで、冷水にとって水気をしぼる。たれに漬け込み2時間おく。

和食

ハリハリ漬けのたれ

歯ごたえが楽しい昔ながらの漬け物が作れます

酢
$\frac{1}{2}$カップ

だし汁
1カップ

しょうゆ
大さじ2

砂糖　大さじ4

塩　小さじ1$\frac{1}{2}$

唐辛子　2本

作り方

だし汁、しょうゆ、砂糖、塩、唐辛子を合わせ、1分煮立てて冷まし、酢を加える。

活用レシピ

割り干し大根のハリハリ漬け

割り干し大根はさっとゆで、冷水にとってもみ洗いし、水気をしぼる。3㎝長さに切って、たれに漬けて2〜3日おく。

中華

中華風即席漬けのたれ

ピリ辛すっぱい、食欲をそそる漬け物です

しょうゆ	酢	砂糖
大さじ3	小さじ2	小さじ1

豆板醤 小さじ $\frac{1}{2}$

作り方
すべての調味料を混ぜ合わせる。

活用レシピ

たたききゅうりの即席漬け
きゅうり2本は皮を縞目にむき、すりこ木などでたたいて割れ目を入れて手で割りほぐす。たれであえ、しばらくおいて味をなじませる。

青梗菜とゆで豚のあえ物
青梗菜1株は根元を落として葉をはがし、色よくゆでて冷水にとり、水気をよくしぼって食べやすい大きさに切る。豚もも薄切り肉100gはゆでてひと口大に切る。青梗菜と豚肉を合わせ、たれであえる。

なすの酢炒め
ごま油大さじ1を熱し、にんにくと長ねぎのみじん切りを炒め、香りが立ったら乱切りにしたなす4本を炒める。なすがこんがりしたらたれをまわし入れ、汁気がなくなるまで炒め合わせる。

ハーブとスパイスの話

ごはんが美味しくなる

この本のなかで使われているハーブとスパイスを紹介します。

タイム すがすがしい香りが特徴で、防腐・殺菌効果がある。魚料理とよく合う。

オレガノ シソ科特有の清涼感があり、臭みを消す作用が強い。トマト料理やチーズと相性がよい。

ローリエ 日本名は月桂樹。肉の臭みを消す。煮込み料理やスープなどに使用。

カレー粉 ウコン、コリアンダーなど20種類以上のスパイスがブレンドされた、辛味と香りの強いスパイス。

ガラムマサラ クローブやカルダモンなど数種類のスパイスをブレンドしたミックススパイス。

ナツメグ 甘い芳香があり、ハンバーグなどの肉料理をはじめ、お菓子などにもよく使われる。

八角 星型をした中国のスパイス。独特の甘い香りと苦味があり、豚肉や鶏肉料理によく使われる。

粉さんしょう ぴりっとした辛さと清涼感が特徴。日本伝統のスパイス。

鍋物

寄せ鍋やおでんのほか、近頃人気の豆乳やトマトベースの鍋つゆも。

和食

寄せ鍋のつゆ

どんな具材もおまかせの、しょうゆベースのつゆ

しょうゆ 大さじ1

酒 $\frac{1}{4}$カップ

みりん 大さじ2

塩　小さじ $\frac{1}{2}$

だし汁　4カップ

作り方

すべての調味料を混ぜ合わせる。

活用レシピ

寄せ鍋

鶏もも肉1枚はひと口大のそぎ切り、魚（たら、たい、きんめだいなど）2切れはひと口大に切る。えび8尾は足と背わたを取る。大根、にんじんは5mm幅の輪切りにし、長ねぎ、白菜、しいたけ、春菊などは食べやすい大きさに切る。土鍋につゆを入れ、大根、にんじんを加えて煮る。火がとおったら、ほかの具を加えて煮えたところから食べる。豆腐やゆでてざく切りにした糸こんにゃくを加えてもよい。

和食

塩ちゃんこのつゆ

鶏がらのだしがきいたあっさり味です

塩
大さじ $\frac{1}{2}$

しょうゆ
大さじ $\frac{1}{2}$

みりん
大さじ1

酒 　1/4カップ

鶏がらスープ 　4カップ

作り方

すべての調味料を混ぜ合わせる。

活用レシピ

塩ちゃんこ

鶏ひき肉300gに長ねぎのみじん切り10cm分、しょうがのすりおろし1かけ分、酒大さじ1、塩少々を加えてよくねり、鶏だんごのたねを作る。油揚げ1枚はゆでて油抜きしてひと口大に切る。きゃべつ、長ねぎ、にら、しめじは食べやすい大きさに切る。土鍋につゆを入れて火にかけ、沸騰したら鶏だんごのたねをスプーンですくって落とし入れる。火がとおったら、ほかの具を加えて煮えたところから食べる。

和食

みそちゃんこのつゆ

からだの芯からほっかほか、心もあたたまる味わいです

みそ　　大さじ6

しょうゆ　大さじ$\frac{1}{2}$

みりん　大さじ3

酒　　$\frac{1}{4}$ カップ

だし汁　4カップ

作り方

すべての調味料を混ぜ合わせる。

活用レシピ

みそちゃんこ

いわし4尾は手開きにして中骨を取る。包丁でたたき、すり身にして長ねぎのみじん切り1/2本分、しょうがのすりおろし大さじ1、塩少々、酒大さじ1を混ぜる。鶏もも肉はひと口大、白菜、長ねぎ、春菊、もやし、えのきだけは食べやすい大きさに切る。土鍋につゆを入れて火にかけ、沸騰したらいわしをだんご状に丸めて落とし入れる。鶏肉を加え、鶏肉に火がとおったらほかの具を加えて煮えたところから食べる。

和食

おでんのつゆ

煮物料理にも使える関東風のおでんの汁です

しょうゆ	みりん	塩
大さじ2	大さじ3	小さじ1

酒　1/2カップ

だし汁　6カップ

作り方

すべての調味料を混ぜ合わせる。

活用レシピ

おでん

大根は3cm幅の輪切りにする。こんにゃくは両面に細かく格子状の切り込みを入れて太めに切って下ゆでする。昆布はもどして6〜7cm長さに切って結ぶ。厚揚げ、がんもどきは熱湯をかけたりさっとゆでるなどして油抜きする。鍋につゆを入れ、大根、こんにゃく、昆布を入れて弱火でことことと40分煮る。厚揚げ、がんもどきを加えて20分、最後にねり物を加えて15〜20分煮て味をしみ込ませる。

鍋物

127

和食

すき焼きの割り下

濃いめの甘辛いたれは、牛肉のベストパートナー

しょうゆ　$\frac{2}{3}$カップ

みりん　$\frac{1}{2}$カップ

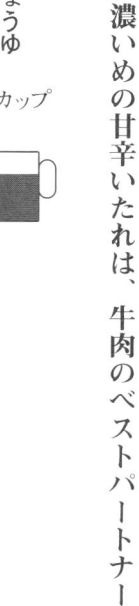

砂糖　大さじ4

だし汁

$\frac{1}{2}$カップ

作り方

すべての調味料を混ぜ合わせ煮立てる。

割り下1/2カップ、水1カップを合わせて煮立て、玉ねぎの細切りを煮て、牛こま切れ肉を加えて3〜4分煮る。

肉豆腐
割り下1/2カップ、水1/2カップを合わせて煮立て、牛こま切れ肉を加えて火をとおし、ひと口大に切った豆腐を加える。ぶつ切りにした長ねぎを加え、落としぶたをして7〜8分煮る。

活用レシピ

すき焼き
白滝は下ゆでしてざっと刻む。焼き豆腐はひと口大に、長ねぎ、しいたけ、春菊は食べやすい大きさに切る。鍋を熱して牛脂をなじませ、すき焼き用牛肉と長ねぎを焼きつけ、ひたひたに割り下をそそぐ。煮立ったら他の具を加えて煮えたところから食べる。

牛丼

鍋物

和食

豆乳鍋のつゆ

まろやかでクリーミー、ヘルシーな鍋つゆです

豆乳 2カップ

だし汁 2カップ

しょうゆ 小さじ $\frac{1}{2}$

作り方

すべての調味料を混ぜ合わせる。

塩　小さじ1

活用レシピ

豆乳鍋

鍋につゆを入れ、絹ごし豆腐2丁を大きく割って加え中火にかける。煮立ちはじめたらえのきだけ、水菜、三つ葉などを加え、煮えたところから食べる。

ひき肉とにらの豆乳スープ

豚ひき肉100gをサラダ油でぽろぽろになるまで炒め、酒大さじ1、しょうが汁小さじ1を加えて炒め合わせる。にら1/2束の小口切りを加えてさっと炒め、つゆの1/3量を加えてひと煮立ちさせる。仕上げに、こしょうをさっとふる。

白菜と豚ばら肉の豆乳煮

白菜はひと口大に切り、豚ばら肉は食べやすい大きさに切る。ごま油で白菜を炒め、つゆ1/2量を加えて煮立ちはじめたら豚肉を加えて煮る。

エスニック

チゲのつゆ

疲れも吹き飛ぶ韓国のピリ辛鍋が作れます

しょうゆ 大さじ2

コチュジャン 大さじ2

ごま油 大さじ1

長ねぎ みじん切り 大さじ2

おろししょうが 小さじ1

おろしにんにく 小さじ1

酒 　1/4カップ

だし汁 　4カップ

粉唐辛子 　大さじ1

ごま 　大さじ1

作り方

すべての調味料を混ぜ合わせる。

活用レシピ

たらチゲ

鍋につゆを煮立て、生たら3切れをひと口大に切って加え、ひと煮したら豆腐1丁を割り入れ、にら、長ねぎ、しめじ、最後に白菜キムチを加えて煮る。

じゃがいもとスペアリブの煮物

じゃがいも4コはゆでて半分に切る。つゆを煮立て、スペアリブ8本を加えて1時間煮る。つゆが減ったら水をさし、スペアリブがやわらかくなったらじゃがいもを加えて4〜5分煮る。豆もやし、にらを加え、刻みねぎを散らす。

洋食

イタリアン鍋のつゆ

トマトベースのスープは、野菜や魚介と相性抜群

材料	分量
トマト水煮（缶詰）	2カップ
チキンスープ	2カップ
白ワイン	$\frac{1}{4}$カップ
こしょう	少々
ローリエ	1枚
玉ねぎみじん切り	1カップ

作り方

オリーブ油で玉ねぎとにんにくをしんなりするまで炒め、ほかの調味料を加える。トマトを細かくつぶし、4〜5分煮る。

材料	分量
アンチョビペースト	大さじ1
塩	小さじ1
にんにくみじん切り	大さじ1
オリーブ油	大さじ2

活用レシピ

イタリアン鍋

きんき1尾はぶつ切り、いかの胴体は2cm幅の輪切りにする。オリーブ油できんきを焼きつけて、つゆを加える。煮立ったら、いか、はまぐり、えびを加えて火をとおす。ムール貝、

トマトリゾット

米1カップをオリーブ油大さじ1で炒め、米に油がなじんだらつゆ1〜1$\frac{1}{2}$カップを少しずつ加え混ぜ、つゆを米に吸収させる。少ししんが残る程度に火をとおす。

鶏がらスープとチキンスープの話

本書では、鶏がらスープやチキンスープをベースにしたたれもたくさん紹介しています。だし汁同様、スープも手作りすれば絶品のおいしさです。

[鶏がらスープの作り方]
1 1羽分の鶏がら（300グラム）を下ゆでして水でよく洗い、血や脂を取り除く。
2 鍋に水4カップとがらを入れ、強火にかける。
3 沸騰してから弱火にし、1時間ほど煮込む。ふたはしないこと。
4 途中、アクと脂が浮いてきたらていねいにすくう。
5 スープをざるでこす。

[チキンスープの作り方]
鶏がらスープ作りの2の工程で、水や鶏がらと一緒に、玉ねぎ1/4コ、にんじん1/4本、セロリ5センチを入れる。ほかは鶏がらスープと同様に作る。

※いずれのスープも、鶏がらの代わりに手羽元や手羽先を使ってもよい。

ごはんが美味しくなる話

つけだれ・かけだれ

焼肉、しゃぶしゃぶ、鍋、ぎょうざ…。
たれを変えればおいしさ新発見。

◎冷蔵庫で1週間ほど保存できます。

ポン酢しょうゆ

和食

柑橘の新鮮な香りは、手作りならではのおいしさです

しょうゆ　$\frac{1}{3}$カップ

すだちやかぼすなど柑橘類のしぼり汁、または酢　$\frac{1}{3}$カップ

だし汁　$\frac{1}{3}$カップ

作り方

すべての調味料を混ぜ合わせる。

しゃぶしゃぶのたれ、水炊きやたらちりなど鍋物のつけだれに。焼き魚にかけたり、炒め焼きした肉や魚のソースにしても。

活用レシピ

手羽先の揚げ漬け
手羽先6本は皮目に3本切り込みを入れる。140～150度の油でこんがり色づくまで5～6分揚げる。油をきって熱いうちにポン酢しょうゆに漬ける。

いかとトマトのサラダ
いかの胴体は5mm幅の輪切りにしてゆでる。トマト1コはひと口大に切る。合わせてオリーブ油をまぶし、ポン酢しょうゆであえる。

いわしの酢煮
いわし4尾は頭と内臓を取る。ポン酢しょうゆ1／3カップと水1カップを合わせて煮立て、いわしを並べ入れる。落としぶたをして30～40分煮る。

きゃべつの酢炒め
ごま油を熱して、ひと口大に切ったきゃべつを炒める。油が全体にまわったら、ポン酢しょうゆを加えて炒め合わせる。

和食

薬味酢

たっぷりの薬味で、油っこい料理もさっぱりと

砂糖	酒	しょうゆ	酢
小さじ2	大さじ3	大さじ3	大さじ3

長ねぎ
みじん切り　大さじ2

しょうが
みじん切り　小さじ1

にんにく
みじん切り　小さじ1

作り方

すべての調味料を混ぜ合わせる。

活用レシピ

ぎょうざやしゅうまいのつけだれにしたり、サラダのドレッシングにしても。ゆで野菜をあえたり、鶏のから揚げや蒸した魚にかけてもおいしい。

なすの揚げ漬け
なす4〜5本は縦4つ割にする。180度の油で揚げ、こんがりしたら油をきってたれに漬ける。

中華

バンバンジーのたれ

さまざまな料理に活用できるピリ辛のごまだれ

白ねりごま	しょうゆ	酢
大さじ4	大さじ2	大さじ1

オイスターソース	ごま油	豆板醤
小さじ1/2	大さじ1	小さじ2

砂糖　大さじ1

みりん　大さじ1

おろしにんにく　小さじ 1/4

作り方

ねりごまを溶きのばすように混ぜながら他の調味料を順に加える。

活用レシピ

バンバンジー
鶏もも肉1枚は塩少々、酒大さじ1をもみ込み鍋に入れる。しょうが、長ねぎの薄切りをのせ、水1/4カップを加えてふたをし中火にかける。約8分、蒸しゆでにして、そのまま冷ます。5mm幅に切り、きゅうりの細切り、トマトの薄切りをそえ、たれをかける。

豆腐のごま煮
豆腐は1cm厚さに切ってごま油で焼きつける。だし汁1/2カップとたれを加えてひと煮する。

和食

ねりみそ

淡泊な素材によく合うみそだれです

みそ	砂糖	酒
大さじ8	大さじ6	大さじ4

みりん 大さじ2

だし汁 大さじ4

作り方
鍋にすべての調味料を合わせ、鍋底からしっかりと混ぜながら中火で煮詰める。

活用レシピ
ふろふき大根や豆腐田楽のたれに。ゆで野菜、ゆで豚をあえても。

肉みそ
鶏ひき肉100gとしょうがのみじん切りを鍋に入れ、酒大さじ1を加えていりつける。ねりみそを加えてよく混ぜ、ひと煮する。

たいみそ
たいをゆで、皮と骨を取り除いてほぐし、ふきんに包んで冷水で洗う。水がにごらなくなったら水気をしぼり、ねりみそに加えて混ぜ合わせる。

つけだれ・かけだれ

和食

ごまだれ

ごまの風味豊かなコクのある味わいです

ねりごま	しょうゆ	砂糖
大さじ4	大さじ1	大さじ1

酢　大さじ1

だし汁　大さじ6

作り方

ねりごま以外の調味料を混ぜ合わせ、ねりごまに少しずつ加えて混ぜ合わせる。

活用レシピ

しゃぶしゃぶのたれ、水炊きやたらちりなど鍋物のつけだれにしたり、麺類のつけつゆにしてもおいしい。

ごまだれのつけつゆ
めんつゆ（182ページ参照）1/3カップにごまだれ大さじ2〜3を加え混ぜる。

たいとアボカドのあえ物
たい（刺身用）80g、アボカド1コは1cm角に切る。みょうが1コは小口切りにする。たい、アボカド、みょうがを合わせ、たれ大さじ3〜4であえる。

エスニック

焼肉のつけだれ(しょうゆ味)

昆布茶が隠し味のたれは、焼肉屋さんの味

しょうゆ $\frac{1}{4}$ カップ

砂糖 大さじ2

酒 大さじ2

昆布茶	小さじ1
刻み唐辛子	小さじ1
水	1/2カップ

作り方

すべての調味料を合わせて10秒煮立てる。

つけだれ・かけだれ

エスニック

焼肉のつけだれ（レモン味）

レモンのさわやかな酸味で、肉がさっぱり食べられます

レモン汁	砂糖	塩
大さじ4	大さじ1	小さじ$\frac{1}{4}$

こしょう　少々

刻み唐辛子　小さじ1

水　大さじ2

作り方
すべての調味料を混ぜ合わせる。

エスニック

生春巻きのたれ

ベトナム風の本格的な味が楽しめるつけだれです

みそ 大さじ3

ナンプラー 大さじ1

砂糖 大さじ2

酢	小さじ1
水	大さじ5
刻みピーナッツ	大さじ1

作り方
すべての調味料を混ぜ合わせる。

活用レシピ
生春巻き
もどしたライスペーパーに、青じそ、万能ねぎ、ゆでたえび、サニーレタスをのせ、両端を折って巻く。

本書に登場する基本の料理用語です。意味を正しく理解していると、手際よく、また失敗せずに料理ができます。

ひたひたの水 鍋に平らに入れた材料の頭が見え隠れする程度に水を注ぐ。

かぶるくらいの水 鍋に平らに入れた材料全体が、ぎりぎり隠れるように水を注ぐ。

いり煮 少量の調味料で、汁気がなくなるまでかき混ぜながら煮る。

からいり 鍋やフライパンに油や水などを加えず、かき混ぜたり、鍋などをゆすったりしながら香ばしく材料に火をとおす。

素揚げ 衣などをつけず、そのまま揚げる。

筋をひく セロリの茎の部分の筋を取ること。ピーラーまたは包丁の刃元を使って、薄く皮をむくように取る。

汁気をとばす 焦げつかないように鍋をゆすったりかき混ぜたりしながら、水分を一気に蒸発させる。

手開き 魚の頭を落とし、腹を斜めに切って内臓を取り出し、片方の親指を頭のほうから入れ、中骨に沿って指を進めて開いていく。

料理用語の話

ごはんが美味しくなる

ソース

肉や魚のソテーやフライにかけるだけで、まるで洋食屋さんの味に！

◎冷蔵庫で1週間ほど保存できます。

洋食

ハンバーグソース

粒マスタードのさわやかな辛味がアクセント

トマトケチャップ	ウスターソース	赤ワイン	しょうゆ
大さじ4	大さじ2	大さじ1	小さじ1

こしょう	少々
ナツメグ	少々
粒マスタード	大さじ2
おろしにんにく	小さじ$\frac{1}{4}$

作り方
すべての調味料を混ぜ合わせる。

活用レシピ
ポークソテー
サラダ油でにんにくを炒め、香りが立ったらしょうが焼き用豚肉、玉ねぎの細切りを炒め、ソースをからめる。

洋食

マスタードソース

こってり料理によく合う、さっぱり味のソースです

フレンチマスタード	酢	ウスターソース	砂糖
大さじ4	大さじ1	小さじ1	小さじ1

塩　小さじ $\frac{1}{3}$

こしょう　少々

オリーブ油　大さじ2

作り方

すべての調味料を混ぜ合わせる。

活用レシピ

ソテーした魚のソース、フライやシーフードサラダのソースに。

豚肉のマスタードソース煮

豚肩ロース肉は塩こしょうし、小麦粉をはたきつける。フライパンにバターを溶かして豚肉を焼き、こんがりしたら玉ねぎのみじん切りを加えて炒め、白ワインを加えてふたをし、蒸し煮にする。豚肉に火がとおったらソースを加え、強火にして全体にからめる。

洋食 レモンソース

はちみつを使って、甘ずっぱい優しい味わいに

レモン汁	酢	はちみつ
大さじ2	大さじ2	大さじ2

塩　少々

片栗粉　小さじ1

水　大さじ3

作り方
すべての調味料を合わせ、弱火にかけて混ぜながらひと煮立ちさせる。とろりとしたら完成。

活用レシピ
たらのから揚げレモンソース
たらはひと口大に切って塩こしょうし、片栗粉をまぶしてからりと揚げる。ソースをかける。

洋食

タルタルソース

フライ料理に欠かせないおなじみのソース

マヨネーズ	レモン汁	塩	こしょう
大さじ6	小さじ1	少々	少々

材料	分量
ゆで卵みじん切り	大さじ3
玉ねぎみじん切り	大さじ2
ピクルスみじん切り	大さじ1
パセリみじん切り	大さじ1
おろしにんにく	小さじ$\frac{1}{4}$

作り方

すべての調味料を混ぜ合わせる。

ソース

洋食 ツナソース

肉や魚料理のソースとして重宝します

- ツナ（缶詰） 小1缶
- マヨネーズ 大さじ2
- アンチョビペースト 大さじ1/2
- ウスターソース 小さじ1

ケチャップ	小さじ1
レモン汁	小さじ1
こしょう	少々

作り方

ツナはオイルをきって細かくほぐす。すべての調味料を混ぜ合わせる。

活用レシピ

鶏肉や豚肉のソテー、シーフードフライ、ゆで野菜やゆで豚のソースに。サラダのドレッシングにも。

蒸し鶏とアボカドのサラダ

鶏むね肉は酒をふって蒸しゆでにして冷まし、1cm角に切る。アボカドは1cm角に切ってレモン汁をまぶす。パプリカ、セロリ、きゅうりは1cm角に切る。すべてを混ぜ合わせ、ソースであえる。

洋食

カクテルソース

魚介類と相性がいいソースで、冷製料理に大活躍

トマトケチャップ　大さじ5

ウスターソース　小さじ1

タバスコ　小さじ$\frac{1}{4}$

レモン汁　大さじ1

塩　少々

作り方

すべての調味料を混ぜ合わせる。

活用レシピ

ゆでたえびやいかにかけたり、生がきにたらしたり、生春巻きのつけだれにしても。

たことモッツァレラのサラダ
ゆでたこ100gはぶつ切りに、モッツァレラチーズはひと口大に切る。たことモッツァレラチーズを合わせ、ソースであえる。

まだいのカクテル
まだい（刺身用）は1cm角に切り、あさつきの小口切りを混ぜ合わせる。も

いろいろな調味料の話

ごはんが美味しくなる話

料理のレパートリーを広げる、さまざまな調味料を紹介します。

オイスターソース 塩漬けにした生がきを発酵、熟成させたもの。

甜麺醤 小麦粉と塩に麹を加えて発酵させた甘みそ。

豆板醤 そらまめを原料に赤唐辛子や小麦粉を加えた発酵調味料。

コチュジャン 穀類、麹、唐辛子粉などで作られる甘辛いみそ。

ナンプラー 魚介類を原料に作られる魚醤。ベトナムではニョクマムという。

サンバル 唐辛子、にんにく、トマトなどが入ったチリソースの一種。

粒マスタード 辛子種の入った、白ワインの風味がきいた洋がらし。マイルドな辛さが特徴。

フレンチマスタード 辛子種をすりつぶし、酢などを加えた洋がらし。粒マスタードよりさらにマイルドな辛味。

ココナツミルク ココヤシの果実ココナツから作られるミルク状の液体。カレーなどに入れるとマイルドな味になる。

ピーナッツバター ピーナッツをすりつぶしてペースト状にしたもの。

ごはん・めん

日本はもちろん、イタリア、韓国、タイ、中国…世界の味が楽しめます。

和食

親子丼のたれ

とろとろの卵を引き立てるあっさり系の丼だれ

しょうゆ	みりん	塩
小さじ1	大さじ1	小さじ$\frac{1}{3}$

だし汁 $\frac{3}{4}$ カップ

作り方

すべての調味料を混ぜ合わせる。

活用レシピ

親子丼
鶏むね肉1/2枚はひと口大のそぎ切り、玉ねぎは1cm幅のくし形切りにする。たれを煮立て、鶏肉、玉ねぎを煮る。火がとおったら卵2コを溶いて流し入れ、卵が好みのかたさになったら火を止めて三つ葉を散らす。

うなぎとにらの卵とじ
たれを煮立て、1cm幅に切ったうなぎの蒲焼き、2cm幅に切ったにらを入れ、にらがしんなりしたら溶き卵を流し入れ、好みのかたさまで火をとおす。

厚焼き卵
卵6コを溶き、たれを加え混ぜる。フライパンにサラダ油を熱し1/6量を流し入れ、かたまり始めたら奥から手前に巻いて奥に寄せる。同様にサラダ油をぬりながら1/6量ずつ流し、焼く。

和食

かつ丼のたれ

とんかつに負けない、ちょっと濃いめの甘辛丼だれ

しょうゆ	砂糖	みりん
大さじ1	小さじ1	大さじ1

だし汁 $\frac{3}{4}$ カップ

作り方

すべての調味料を混ぜ合わせる。

活用レシピ

かつ丼
たれを煮立て、玉ねぎの薄切り1/2コ分を加え、しんなりしたら2㎝幅に切ったとんかつ2枚を加える。たれが再び煮立ったら溶き卵を流し入れ、卵が好みのかたさになるまで火をとおす。

なすの柳川風
豚薄切り肉100gとなす2本は細切り、ごぼう1/4本はささがきにする。鍋にサラダ油を熱し、豚肉とごぼうを炒め、ごぼうがすきとおったらたれを加える。なすを放射状に並べ入れ、ふたをして10分煮る。卵2コを溶いて流し入れ、好みのかたさまで火をとおす。

白菜とツナの煮浸し
たれを煮立て、ひと口大に切った白菜2枚、汁気をきったツナ1缶を加え、白菜がくったりするまで煮る。

和食

いなりずしのあげの煮汁

すし飯と相性がいい甘めのあげに煮上がります

しょうゆ	砂糖	みりん
大さじ3	大さじ3	大さじ1

だし汁 1$\frac{1}{2}$カップ

作り方

すべての調味料を混ぜ合わせる。

活用レシピ

いなりずし

油揚げ6枚は半分に切って袋状に開く。まな板にのせ、菜ばしなどを転がすと上手に開ける。たっぷりの湯で2〜3分ゆでて油抜きし、ざるにあげる。ぬるま湯でよく洗って水気をしっかりしぼる。鍋にたれを入れ、油揚げを加えて落としぶたをして中火で30分、ほとんど汁気がなくなるまで煮る。そのまま冷まして、味をふくませる。焼きあなご1枚、ゆでた三つ葉1束、しょうがの甘酢漬け$\frac{1}{4}$カップはそれぞれみじん切りにし、ごま大さじ2とともに、2合分のすし飯（177ページ参照）とさっくり混ぜ合わせる。すし飯をおよそ12等分し、油揚げの汁気を軽くしぼってなかにつめる。

和食 | すし酢

鉄火丼やちらしなど、家庭で気軽にすしが楽しめます

塩	砂糖	酢
大さじ $\frac{1}{2}$	大さじ $1\frac{1}{2}$	大さじ $3\frac{1}{2}$

作り方

すべての調味料を混ぜ合わせる。

活用レシピ

すし飯

米2合をとぎ、昆布3cm角1枚をのせて少々かために炊く。炊き上がったら昆布を取り除き、大きめのバットなどにあけて大きくしゃもじで2～3回混ぜ、すし酢をしゃもじに受けながら全体にまんべんなくかける。手早くしゃもじで5～6回切るようにして混ぜ、すし酢が全体にまわったらごはんをひとまとめにし、かたくしぼったぬれふきんを上からかけて10分蒸らす。うちわなどであおぎながら再びしゃもじで切るように混ぜ、人肌程度に冷ます。

さけとセロリの混ぜずし

塩さけはこんがりと焼いて皮と骨を取り除き、身をほぐす。セロリ2本は筋をひいて小口切りにし、塩でもんでしんなりさせてしっかり水気をしぼる。さけとセロリをすし飯に加え、ごまをふって全体をさっくり混ぜ合わせる。

れんこんの甘酢漬け

皮をむいたれんこんは薄い輪切りにして水洗いし、色が変わる程度にゆでて湯をきり、熱いうちにすし酢に漬ける。

和食

炊き込みごはんのたれ（しょうゆ味）

どんな具材にも合う、炊き込みごはんの基本だれ

酒	砂糖	しょうゆ
大さじ1	小さじ2	小さじ2

みりん　小さじ1

塩　小さじ1$\frac{1}{3}$

作り方

すべての調味料を混ぜ合わせる。

活用レシピ

かやくごはん
米2合はといでざるにあげ、にんじん$\frac{1}{2}$本はせん切り、ごぼう1本はささがき、こんにゃく$\frac{1}{2}$枚は細切りにして下ゆでする。油揚げは細切りにしてゆでて油抜きする。炊飯器に米を入れ、ひたひたになるまで水を入れ、たれを加えてさらに2合の目盛りまで水を加える。全体を混ぜ合わせて表面を平らにし、にんじん、ごぼう、こんにゃく、油揚げをのせて炊く。炊き上がったら全体を混ぜる。

和食

炊き込みごはんのたれ（塩味）

旬の素材の持ち味をいかす、薄めの味つけです

しょうゆ	酒	みりん
小さじ $\frac{1}{2}$	大さじ1	大さじ1

塩　小さじ1

作り方

すべての調味料を混ぜ合わせる。

活用レシピ

たけのこごはん
ゆでた新たけのこ1コは薄切りにする。米2合をといで炊飯器に入れ、たれを加え2合の目盛りまで水を加える。たけのこをのせて炊く。

きのこごはん
しめじ1パックは石づきを取ってほぐす。しいたけ4枚は石づきを取って薄切りにする。米2合をといで炊飯器に入れ、たれを加え2合の目盛りまで水を加える。きのこをのせて炊く。

たいめし
たい2切れは塩少々、酒大さじ1をふる。米2合をといで炊飯器に入れ、たれを加え2合の目盛りまで水を加える。たいをのせて炊き、炊き上がったら骨を取り除き、身をほぐして全体を混ぜ合わせる。

和食

めんつゆ

つけつゆ、かけつゆ、煮物にも利用できる便利なつゆ

だし汁	みりん	しょうゆ
1カップ	$\frac{1}{4}$カップ	$\frac{1}{4}$カップ

作り方

すべての調味料を混ぜ合わせ、ひと煮立ちさせる。

活用レシピ

めん類のつけつゆ、天つゆは煮立てたものをそのまま使用。めん類のかけつゆは、めんつゆ1/2カップにだし汁3/4〜1カップを加える。

煮奴

めんつゆ1/2量を煮立てる。豆腐1丁をひと口大に切って加え、斜め切りにした長ねぎ1/2本を加えて中火で3〜4分煮る。

さといものしょうゆ煮

さといも8〜10コは皮をむき、塩でもんでぬめりを洗い落とす。酢を加えた湯で7〜8分下ゆでし、水にとってぬめりをよく洗い落とす。鍋にめんつゆを入れ、さといもを加えて落としぶたをし、中火で12〜13分煮る。

いか大根

大根1/3本は3cm幅の輪切り、いかの胴体も2cm幅の輪切りにする。鍋に大根を入れ、かぶるくらいの水をそそいで中火にかけ、煮立ったらめんつゆを加え、再び煮立ったらいかを加え、落としぶたをして40〜50分、弱火でことこと煮る。

和食

みそ煮込みうどんのつゆ

グツグツ煮込めば、からだの芯からあたたまります

みそ	砂糖	みりん
大さじ3	小さじ1	大さじ1

だし汁

2 $\frac{1}{2}$ カップ

作り方

すべての調味料を混ぜ合わせる。

活用レシピ

みそ煮込みうどん
鶏もも肉1/2枚はひと口大のそぎ切り、長ねぎ1本は2cm幅に切る。つゆを煮立て、鶏肉、ねぎを入れて4〜5分煮る。ゆでて洗ったうどんを加え、弱火で12〜13分煮込む。

かぶと油揚げのみそ煮
かぶ小4コは茎を3cmほど残して葉を切り落とす。油揚げ1枚はゆでて油抜きし、大きめのひと口大に切る。鍋にかぶを丸ごと入れ、つゆをそそいで中火にかけて油揚げを加える。落としぶたをし、かぶがやわらかくなるまで20〜25分煮る。

みそぞうすい
つゆを煮立て、茶碗2杯分のごはんを加えて5〜6分弱火で煮て、溶き卵を流し入れる。

ごはん・めん

185

和食

ソーメンチャンプルーのたれ

食欲がなくてもさっぱり食べられる沖縄の家庭料理です

だし汁	酒	しょうゆ
大さじ2	大さじ1	小さじ1

塩　小さじ $\frac{1}{2}$

こしょう　少々

サラダ油　大さじ $\frac{1}{2}$

作り方

すべての調味料を混ぜ合わせる。

活用レシピ

ソーメンチャンプルー
ひと口大に切った豚ばら薄切り肉、にんじんと玉ねぎの細切りを炒め、ゆでたソーメン、たれを加えて炒める。

中華

しょうゆ焼きそばのたれ

目先の変わった焼きそばは、オイスターソースが隠し味

だし汁	しょうゆ	砂糖
大さじ2	大さじ2	小さじ1/2

みりん　大さじ1

オイスターソース　小さじ1

こしょう　少々

作り方

すべての調味料を混ぜ合わせる。

活用レシピ

しょうゆ焼きそば

ひと口大に切った豚ばら肉、玉ねぎ、きゃべつ、にんじんの細切りを炒め、めん、たれを加えて炒め合わせる。

ごはん・めん

中華

冷やし中華のたれ

酢としょうがのきいたさっぱり味は暑い夏にぴったり

鶏がらスープ	しょうゆ	塩	砂糖
$\frac{3}{4}$カップ	大さじ$2\frac{1}{2}$	小さじ$\frac{1}{4}$	大さじ2

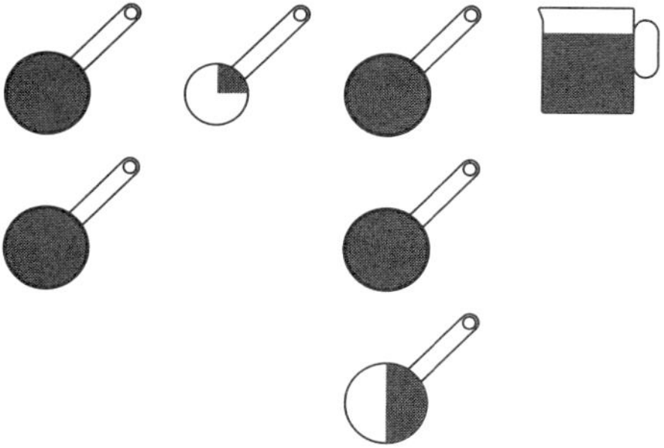

A
酢 　　　　　　 $\frac{1}{4}$ カップ
ごま油 　　　　　小さじ1
しょうが汁 　　　大さじ1

作り方

鶏がらスープ、しょうゆ、塩、砂糖を合わせ、ひと煮立ちさせて冷まし、Aを加える。

活用レシピ

冷やし中華

中華めんはゆでて冷水で洗い、水気をきってごま油をまぶす。薄切りにした蒸し鶏、ゆでたえび、きゅうりの細切り、ゆでたもやし、錦糸卵、ねり辛子をのせ、ごまをふってたれをかける。

冷やし汁ビーフン

ビーフンはゆでて冷水にとり、水気をきる。長ねぎの斜め薄切り、チャーシューの細切りをのせ、たれをかける。

エスニック

ビビンめんのたれ

冷やしためんにからむ甘辛すっぱいたれがやみつきに

しょうゆ	酢	コチュジャン	砂糖
大さじ2	大さじ2	大さじ2	大さじ1

長ねぎみじん切り	大さじ2
おろしにんにく	小さじ1
おろししょうが	小さじ1
粉唐辛子	大さじ1/2

作り方

すべての調味料を混ぜ合わせる。

活用レシピ

ビビンめん

冷めんはゆでて冷水にとり、水気をきってたれであえる。ナムル、蒸し鶏、白菜キムチなど好みの具をのせる。

エスニック

パッタイのたれ

タイの代表的なめん料理が、家庭で簡単に作れます

酢	ナンプラー	砂糖
大さじ2	大さじ1	大さじ1

作り方　すべての調味料を混ぜ合わせる。

活用レシピ

パッタイ

フライパンにサラダ油を熱し、卵2コを割り入れて炒め、ふんわりしたら取り出す。殻をむき、背開きにして背わたを取ったえび6尾を炒め、細切りにした玉ねぎ$1/4$コ分を加えて炒め合わせる。たくあん3cmの角切り、厚揚げ$1/2$枚の角切りを加えて、全体がよくなじんだらたれを加え、ゆでてもどしたビーフン（乾めんで150g）を加えて全体をよく混ぜ合わせ、ビーフンにたれをすわせる。卵をもどし入れ、刻んだもやし、桜えび、細かく刻んだピーナッツ、粉唐辛子を加えて全体をさっと混ぜ合わせる。

エスニックチャーハン

つぶしたにんにく1かけ分をサラダ油大さじ2で炒め、1cm角に切った鶏も肉、刻んだにんじん、玉ねぎ、いんげんを加えて炒め合わせ、卵を割り入れてさっと炒める。茶碗2杯分のごはんを加え、全体がよく混ざったらたれをまわし入れ、粉唐辛子を加えてさっと混ぜ合わせる。

洋食

ナポリタンのたれ

日本が生んだスパゲティは、なつかしいケチャップ味

トマトケチャップ	しょうゆ	赤ワイン
大さじ6	大さじ1	大さじ2

塩　小さじ $\frac{1}{2}$

こしょう　少々

おろし
にんにく　小さじ $\frac{1}{4}$

作り方

すべての調味料を混ぜ合わせる。

活用レシピ

ナポリタン
にんにく、玉ねぎ、ベーコン、ピーマンを炒め、たれを加えて炒め合わせる　ゆでたパスタを加えてあえる。

ごはん・めん

洋食

カルボナーラのたれ

卵とチーズだけで作る、失敗知らずのソースです

卵　2コ

パルメザンチーズ（粉）　大さじ5

粗びきこしょう　少々

作り方

すべての調味料を混ぜ合わせる。

活用レシピ

カルボナーラ
ボウルにたれを用意しておく。パンチェッタ（またはベーコン）は細切りにしてカリカリになるまで炒め、白ワイン1/4カップを加えてひと煮立ちさせる。ゆでたパスタ2人前を加えて混ぜ合わせ、たれの入ったボウルに入れてよくからめる。

レタスとハムの卵とじ
フライパンにバターを溶かし、細切りにしたレタス3枚を炒める。しんなりしたらみじん切りにしたハム2枚を加えてさっと炒め、ひたひたにスープを注ぐ。煮立ったらたれを加え、卵がふんわりしたら完成。

イタリア風オムレツ
にんにく1かけはみじん切り、玉ねぎ1/4コ、パプリカ1/2コ、ズッキーニ1/2本、トマト1コはそれぞれ1cm角に切る。オリーブ油でにんにく、玉ねぎ、パプリカ、ズッキーニを炒め、全体がしんなりしたらトマトを加えてさっと炒める。たれを加えて大きく混ぜこんがりと焼く。

材料の切り方の話

ごはんが美味しくなる話

「活用レシピ」に登場する料理用語のなかから、材料の切り方について説明します。

ささがき 鉛筆をけずる要領で包丁でそぐ。またはピーラーでそいでもよい。

くし形切り 球形の野菜を縦半分に切り、切り口を下におき、中心部分に向かって均等の幅になるように端から切る。

縦4つ割り 縦半分に切ったら、切り口を下にしてさらに縦半分に切る。

乱切り 細長い野菜を横において包丁を斜めにあてて切り落とし、野菜を手前に回転させて同じ角度で切り落とす。これをくり返す。

ざく切り ざくざくと適当な大きさに切る。

ぶつ切り 細長い野菜や肉、魚を、とくに形にはこだわらずざっくり切る。

そぎ切り 包丁を寝かせて、そぐように切る。

筋切り 肉の脂身と赤身の境目に数カ所、繊維に対して垂直に5mmほど切り込みを入れる。こうすると身が縮まない。

酢の物・あえ物

もう一品欲しいときに大活躍する、基本の合わせ酢やあえごろもです。

和食

三杯酢

酢の物作りに重宝する基本の合わせ酢です

砂糖	みりん	酢
小さじ2	大さじ1	大さじ3

しょうゆ　小さじ1

作り方

すべての調味料を混ぜ合わせる。

活用レシピ

きゅうりとわかめとたこの酢の物
きゅうり2本は皮を縞目にむいて小口切りにし、塩水につけてしなやかになったら水気をしぼる。わかめは水でもどして刻む。ゆでたこ100gはそぎ切りにする。もりつけて、たれをかける。

うなぎとセロリのわさび酢
うなぎの白焼き1枚は1cm幅に切る。セロリ1本は筋をひいて斜め薄切りにし、塩水につけてしなやかになったら水気をしぼる。たれにおろしわさびを溶き入れ、うなぎとセロリをあえる。

ゴーヤーとツナのあえ物
ゴーヤー1/2本は薄切りにしてさっとゆで、冷水にとって水気をしぼる。ツナ1缶は汁気をきってほぐす。しょうがのすりおろしをたれに加え、ゴーヤーとツナをあえる。

酢の物・あえ物

和食

甘酢

かけたり、あえたり、漬けたりと、幅広く使えます

酢	砂糖	みりん
大さじ3	大さじ1	大さじ1

塩　小さじ$\frac{1}{2}$

水　大さじ1

作り方

すべての調味料を混ぜ合わせる。

活用レシピ

トマトとみょうがのおろしあえ
大根200gはすりおろし、水気をきってボウルに入れ、たれを少しずつ加えながら混ぜて、みぞれ酢を作る。トマト1コはひと口大に、みょうが1コは小口切りにし、みぞれ酢であえる。

ゆで玉ねぎのごま酢あえ
玉ねぎ1コは1cm幅のくし形切りにし、さっとゆでて冷水にとり、水気をよくしぼる。白いりごま大さじ3を半ずり程度にすり、たれに加えて混ぜ、玉ねぎをあえる。

酢の物・あえ物

和食

酢みそ

甘ずっぱいみそだれは、魚介類と相性抜群です

みそ	砂糖	酢
大さじ3	大さじ3	大さじ2

作り方

すべての調味料を混ぜ合わせる。

活用レシピ

まぐろとわけぎのぬた
まぐろ（赤身・刺身用）100gは角切りにする。わけぎ1束はさっとゆでて冷水にとり、水気をしぼって2cm幅に切る。まぐろとわけぎを合わせ、たれをかける。

いかとこんにゃくの辛子酢みそあえ
いかの胴体を輪切りにしてゆで、水気をきる。いかと刺身こんにゃくを合わせ、ねり辛子大さじ1をたれに混ぜてあえる。

たいとうどと菜の花の酢みそがけ
たい（刺身用）100gはそぎ切り、うどは1本は皮をむいて4〜5cm長さの細切りにする。菜の花は根元を切り落とし、色よくゆでて食べやすい大きさに切る。たい、うど、菜の花をもりつけ、たれをかける。

豚肉とセロリの炒めあえ
とんかつ用豚肉、セロリ、赤パプリカは1cmの角切りにする。サラダ油で最初に豚肉を炒め、セロリ、パプリカを加えてさっと炒め、たれを加えて火を止め、全体を混ぜ合わせる。

和食

おひたしのあえ汁

野菜の味がいきる、簡単便利なしょうゆ味のたれ

しょうゆ	みりん	だし汁
大さじ2	大さじ1	大さじ1

作り方

すべての調味料を混ぜ合わせる。

活用レシピ

ほうれん草のおひたし
ほうれん草1束は色よくゆで、冷水にとって水気をしぼる。4cm幅に切り、軽くしぼってあえ汁であえる。

にらの納豆あえ
にら1束は色よくゆで、3cm幅に切る。納豆1パックにあえ汁を加えてよく混ぜ、にらをあえる。

小松菜の辛子あえ
小松菜1束は色よくゆで、3cm幅に切る。あえ汁にねり辛子大さじ1を溶き入れ、小松菜をあえる。

アスパラガスの焼き浸し
アスパラガスはグリルまたは焼き網でしんなりする程度まで焼く。熱いうちにあえ汁をからめる。

和食

ごまあえのたれ

あえ物だけでなく、おそうざい作りにも使える万能だれ

ねりごま	しょうゆ	みりん
大さじ2	大さじ1	大さじ1

砂糖　小さじ1

作り方

ねりごまにほかの調味料を少しずつ加えて、溶きのばすように混ぜ合わせる。

活用レシピ

アスパラとしいたけのごまあえ
アスパラガス1束としいたけ2枚は、グリルまたは焼き網で焦げ目がつく程度まで焼く。アスパラガスは3cm長さに切り、しいたけは薄切りにして合わせ、たれであえる。

ほたて貝柱のごまだれ漬け
ほたての貝柱（刺身用）3〜4コはそぎ切りにして、たれであえる。青じそ1枚をそえてもりつけ、おろしわさびをそえる。

和風ポテトサラダ
じゃがいも1コは皮をむいてひと口大に切り、やわらかくなるまでゆでる。湯を捨てて鍋をよくゆすって水分をとばし、粉ふきいもにする。万能ねぎの小口切り大さじ2を加え混ぜ、たれで全体をよくあえる。

和食

白あえのあえごろも

素材を引き立てる、優しい味わいのあえごろも

豆腐　$\frac{1}{2}$丁

ねりごま　大さじ2

砂糖　大さじ3

塩 小さじ $\frac{1}{2}$

作り方
豆腐をスプーンなどでくずし、ねりごま、砂糖、塩を加えて混ぜ合わせる。

活用レシピ

こんにゃくとにんじんの白あえ
こんにゃく1枚、にんじん1/2本は短冊切りにし、こんにゃくは下ゆでする。だし汁1/2カップ、塩、砂糖各少々で、こんにゃく、にんじんをにんじんがやわらかくなるまで下煮して冷ます。絹さや50gは筋を取って色よくゆでる。こんにゃく、にんじんの汁気をきって絹さやと合わせ、あえごろもであえる。

菜の花の白あえ
菜の花は根元を切り落として色よくゆで、冷水にとって水気をしぼり、3cm幅に切る。あえごろもであえる。

サニーレタスとツナの白あえサラダ
サニーレタス3〜4枚は2cm角に切る。ツナ1缶は汁気をきってほぐし、あえごろもに加えて混ぜ合わせる。サニーレタスを加え混ぜる。

酢の物・あえ物

エスニック

チャプチェのたれ

ごま油の風味が食欲をそそる、韓国のおそうざいのたれ

しょうゆ 大さじ2

砂糖 大さじ$\frac{1}{2}$

ごま油 大さじ1

ごま 大さじ1

おろし
しょうが 小さじ $\frac{1}{2}$

おろし
にんにく 小さじ $\frac{1}{4}$

作り方 すべての調味料を混ぜ合わせる。

活用レシピ
チャプチェ
細切りの牛薄切り肉、にんじん、しいたけをごま油で炒め、絹さや、もどして刻んだ春雨、たれを加え混ぜる。

エスニック

ガドガドのたれ

ピーナッツバターがベースのインドネシアのサラダのたれ

湯	サラダ油	ピーナッツバター
$\frac{1}{2}$カップ	大さじ2	大さじ3

砂糖	塩	酢
大さじ1	小さじ$\frac{1}{2}$	大さじ2

サンバル
または
豆板醤 　大さじ $\frac{1}{2}$

しょうゆ 　大さじ $\frac{1}{2}$

こしょう 　少々

おろし
にんにく 　小さじ $\frac{1}{2}$

作り方

ピーナッツバターにほかの調味料を少しずつ加えて、溶きのばすように混ぜ合わせる。

活用レシピ

ガドガド

厚揚げ1枚は熱湯をかけて油抜きし、ひと口大に切る。アスパラガス、にんじん、じゃがいも、いんげんはゆでて食べやすい大きさに切る。きゅうり、トマト、ゆで卵も食べやすい大きさに切る。すべてをもりつけ、たれをかける。

きゃべつと豚肉のピーナッツあえ

きゃべつ、豚薄切り肉はそれぞれゆでて火をとおし、ひと口大に切る。きゃべつと豚肉を合わせ、たれであえる。

酢の物・あえ物

217

料理名にはさまざまな意味や由来が隠されています。知っていると、料理を作るのも食べるのも楽しくなります。

きじ焼き もともと鳥のキジを焼いたもの。現在は、魚の切り身や鶏肉をみりんじょうゆに浸して焼いたものをさす。

なべしぎ なすを鳥のシギに見立てた精進料理。鍋で調理するシギ焼きという意味。

炊き合わせ 本来、別々に煮た2種類以上の煮物をひとつの器に盛り合わせたもの。

煮浸し 薄味の煮汁で作る煮物。器に盛るときは煮汁をたっぷりはる。

南蛮漬け 魚などを揚げ、唐辛子を加えた合わせ酢に漬けたもの。諸説あるが、南方諸地域、またその地域を支配していたポルトガルやスペインから伝えられた料理。

ぬた 魚や野菜などを酢みそであえたもの。ぬたは沼田を意味し、どろりとしたところが沼田を連想させることからこの名がついた。

チャンプルー 野菜や豆腐を炒めた沖縄料理。チャンプルーは混ぜるという意味。

マリネ 漬け込むという意味。魚介類、肉、野菜などを調味料に漬け込む。

リゾット 米を炒めてスープで炊いたイタリア料理。

ごはんが美味しくなる 料理名の話

ドレッシング

ドレッシングを手作りすれば、いつものサラダもごちそうに。

◎冷蔵庫で1週間ほど保存できます。

洋食

フレンチドレッシング

どんなサラダにも合う基本のドレッシングです

酢　大さじ2

塩　小さじ $\frac{1}{2}$

こしょう　少々

サラダ油

大さじ4

作り方

酢に塩、こしょうを加えてよく混ぜ合わせ、サラダ油を少しずつそそぎ混ぜる。

活用レシピ

粒マスタード大さじ2を加えればマスタードドレッシング、ブルーチーズ大さじ2を細かくほぐして加えればチーズドレッシングに。

ドレッシング

洋食

イタリアンドレッシング

トマトとハーブのドレッシングで、サラダがごちそうに

酢	塩	こしょう
大さじ2	小さじ$\frac{1}{2}$	少々

オリーブ油 大さじ4

トマト
みじん切り 大さじ2

ハーブ
みじん切り 大さじ1

作り方

酢に塩、こしょうを加えてよく混ぜ合わせ、オリーブ油を少しずつそそぎ混ぜる。トマト、ハーブを加えて混ぜ合わせる。

ドレッシング

和食

和風ドレッシング

魚介サラダに最適な、しょうゆベースのドレッシング

酢	しょうゆ	みりん
大さじ2	大さじ1	小さじ1

こしょう 少々

ごま油 大さじ2

サラダ油 大さじ2

おろし
しょうが 大さじ1

●作り方

酢にしょうゆ、みりん、こしょうを加えてよく混ぜ合わせ、ごま油、サラダ油を少しずつそそぎ混ぜる。おろししょうがを加えて混ぜ合わせる。

ドレッシング

中華

中華風ドレッシング

薬味入りピリ辛ドレッシングは、冷奴にかけても美味

酢　大さじ2

オイスターソース　小さじ1

豆板醤　小さじ1

塩	ごま油	長ねぎ みじん切り	にんにく みじん切り
小さじ $\frac{1}{2}$	大さじ4	大さじ2	小さじ $\frac{1}{2}$

作り方

酢にオイスターソース、豆板醤、塩を加えてよく混ぜ合わせ、ごま油を少しずつそそぎ混ぜる。長ねぎ、にんにくを加えて混ぜ合わせる。

ドレッシング

エスニック

韓国風ドレッシング

"焼肉屋さんのサラダ"が作れるドレッシングです

砂糖	しょうゆ	酢
小さじ1	大さじ2	大さじ2

レモン汁　小さじ2

ごま油　大さじ2

白ごま　大さじ1

おろしにんにく　小さじ1/4

作り方

酢にしょうゆ、砂糖、レモン汁を加えてよく混ぜ合わせ、ごま油を少しずつそそぎ混ぜる。白ごま、にんにくを加えて混ぜ合わせる。

ドレッシング

材料別料理 index

肉

牛肉

牛丼　129
牛肉とトマトの炒め物　25
牛肉とにらの炒め物　69
すき焼き　129
チャプチェ　215
チンジャオロースー　71
肉じゃが　49
肉豆腐　129
プルコギ　101

豚肉

薄切り肉の薬味煮　15
かつ丼　173
きゃべつと豚肉のピーナッツあえ　217
じゃがいもとスペアリブの煮物　133
じゃがいもと豚肉の煮物　59
酢豚　81
青梗菜とゆで豚のあえ物　117
なすの柳川風　173
白菜と豚ばら肉の豆乳煮　131
豚スペアリブのバーベキュー　107
豚肉ときゅうりの炒め物　75
豚肉とごぼうのみそ煮　45
豚肉とセロリの炒めあえ　207
豚肉と玉ねぎの炒め物　27
豚肉とれんこんのみそ炒め　93
豚肉と長ねぎの梅炒め　13
豚肉のおろし煮　65
豚肉のしょうが焼き　91
豚肉のマスタードソース煮　159
豚肉のみそ漬け　97
豚の角煮　47
ホイコーロー　79
豚肉のポークソテー　157
ゆで豚と三つ葉のあえ物　31

鶏肉

- 親子丼 171
- サテー 103
- 炊き合わせ 53
- タンドリーチキン 105
- チキンソテー辛子酢がけ 139
- 手羽先の揚げ漬け 47
- 手羽先のしょうゆ煮 67
- 鶏肉とねぎのみそ炒め 79
- 鶏肉のきじ焼き 69
- 鶏肉の炒め漬け 99
- 鶏肉のバジル炒め 85
- 鶏肉のみそ煮 61
- 鶏のから揚げ 95
- バンバンジー 143
- 蒸し鶏とアボカドのサラダ 165

ひき肉

- 塩ちゃんこ 123
- 肉みそ 145
- ひき肉とにらの豆乳スープ 131
- 麻婆豆腐 73
- もやしとひき肉のいり煮 49

ハム・パンチェッタ・ベーコン・焼き豚

- カルボナーラ 199
- ベーコンとトマトのパスタソース 37
- 焼き豚と焼きねぎの辛子酢あえ 67
- レタスとハムの卵とじ 199

魚介

魚

- アボカドとたいのサラダ 39
- イタリアン鍋 135
- いわしの蒲焼き 69
- いわしの酢煮 139
- いわしのトマト煮 37
- うなぎとセロリのわさび酢 203
- うなぎとにらの卵とじ 171

231

材料別料理 index

かじきまぐろの梅焼き 13
きんめだいの煮つけ 43
小あじの中華煮 59
小あじの南蛮漬け 99
サーモンマリネのソテー 109
さけとセロリの混ぜずし 177
さけのソテーねぎあんかけ 57
さけの鍋照り焼き 93
さけのマヨネーズ焼き 77
さばのみそ煮 45
さわらのみそ漬け 97
さんまのしょうゆ煮 93
たいとアボカドのあえ物 147
たいとうどと菜の花の酢みそがけ 207
たいみそ
たいめし
たらチゲ 145
たらのから揚げレモンソース 161
ぶりの照り焼き 93
ぶりの麻婆煮 73
まぐろとわけぎのぬた 207

まぐろのあえ物
まだいのカクテル 91
みそちゃんこ 125
167

いか・えび・たこ

いか大根 183
いかとこんにゃくの辛子酢みそあえ
いかとセロリのあえ物 71
いかとトマトのサラダ 139
えびチリ 75
えびマヨ 77
きゅうりとわけぎとえびの煮物 53
高野豆腐とえびの煮物 207
たことモッツァレラのサラダ 167
生春巻き 153

貝・海藻

きゅうりとわかめとたこの酢の物 203
きゅうりとわかめとたこの酢の物 203
ほたて貝柱の辛子酢炒め 67
ほたて貝柱のごまだれ漬け 211

232

野菜

葉菜

青菜炒め 83
うなぎとにらの卵とじ 171
きゃべつと豚肉のピーナッツあえ 217
きゃべつの酢炒め 139
牛肉とにらの炒め物 69
きゅうりのしそ漬け 113
空芯菜炒め 87
小松菜の辛子あえ 209
小松菜の煮浸し 17・57
さけのソテーねぎあんかけ 57
たいとうどと菜の花の酢みそがけ 117
サニーレタスとツナの白あえサラダ 213
青梗菜とゆで豚のあえ物 207
青梗菜の薬味あえ 15
鶏肉とねぎのみそ炒め 79
菜の花漬け 113
菜の花の白あえ 213

にらと桜えびの卵とじ 209
にらの納豆あえ 43
ねぎみそ焼き 65
白菜キムチ 27
白菜とツナの煮浸し 173
白菜と豚ばら肉の豆乳煮 131
ひき肉とにらの豆乳スープ 13
豚肉と長ねぎの梅炒め 131
ホイコーロー 79
ほうれん草のおひたし 207
まぐろとわけぎのぬた 209
焼き豚と焼きねぎの辛子酢あえ 199
ゆで豚と三つ葉のあえ物 31
レタスとハムの卵とじ 67

茎菜

アスパラガスの焼き浸し 177
アスパラとしいたけのごまあえ 209
いかとセロリのあえ物 71
うなぎとセロリのわさび酢 203
さけとセロリの混ぜずし 211

材料別料理 index

果菜

セロリの中華風即席漬け 23
たいとうどと菜の花の酢みそがけ
たけのこごはん 181
玉ねぎとアスパラの梅肉あえ
トマトとみょうがのおろしあえ 13
にんにくの芽のみそ炒め 207
豚肉とセロリの炒めあえ 31
豚肉とセロリの炒め物
豚肉と玉ねぎの炒め物 93
豚肉とれんこんのみそ炒め 65
ゆで玉ねぎのごま酢あえ
れんこんの甘酢漬け 177 205

アボカドとたいのサラダ
いかとトマトのサラダ 39
イタリア風オムレツ 199
かぼちゃのしょうゆ煮 49
かぼちゃの含め煮 139
牛肉とトマトの炒め煮 55
きゅうりと大根のキムチ 25
27

きゅうりとわかめとたこの酢の物
きゅうりのしそ漬け
ゴーヤーとツナのあえ物 113
ししとうのみそ炒め 19
たいとアボカドのあえ物 203
たたききゅうりの即席漬け 147
チンジャオロースー 117
トマトとチーズのサラダ 71
トマトとみょうがのおろしあえ 39
トマトの塩あえ 83 205
なすの揚げ漬け
なすの酢炒め 141
なすの柳川風 117
なべしぎ 65
豚肉ときゅうりの炒め物 173
ベーコンとトマトのパスタソース 75
ミックス野菜のピクルス 37
蒸し鶏とアボカドのサラダ 111
165

いも・根菜

いか大根 183

234

かぶと油揚げのみそ煮 185
きゅうりと大根のキムチ 27
きんぴらごぼう 51
ごぼうのみそ漬け 97
こんにゃくとにんじんの白あえ 213
さつまいものみそ煮 45
さつまいものレモン煮 55
さといものごまみそあえ 19
さといものしょうゆ煮 183
じゃがいもとスペアリブの煮物 133
じゃがいもと豚肉の煮物 59
じゃがいものサラダ 39
炊き合わせ 53
トマトとみょうがのおろしあえ 205
なすの柳川風 173
肉じゃが 49
にんじんのソムタム風 33
豚肉とごぼうのみそ煮 45
豚肉のおろし煮 43
ミックス野菜のピクルス 111
和風ポテトサラダ 211

きのこ・もやし
アスパラとしいたけのごまあえ 211
えのきだけの佃煮風
きのこごはん 91
きのこのさっと煮 57
もやしとひき肉のいり煮 49
もやしの酢炒め 23

大豆・大豆製品

厚揚げ・油揚げ
厚揚げのみそ煮 61
いなりずし 175
かぶと油揚げのみそ煮 185

豆腐・高野豆腐
高野豆腐とえびの煮物 53
たらチゲ 133
豆乳鍋 131

235

材料別料理 index

豆腐

豆腐のオイスターソース煮 25
豆腐のごま煮 143
肉豆腐 129
煮奴 183

納豆

にらの納豆あえ 73

乾物・加工食品

こんにゃく

いかとこんにゃくの辛子酢みそあえ 209
こんにゃくとにんじんの白あえ 213
こんにゃくの青のり煮 51

桜えび・ちりめんじゃこ

じゃこチャーハン 17
にらと桜えびの卵とじ 43

ツナ缶

ゴーヤーとツナのあえ物 203
サニーレタスとツナの白あえサラダ 213
白菜とツナの煮浸し 173

春雨・割り干し大根

チャプチェ 215
春雨サラダ 33
割り干し大根のハリハリ漬け 115

卵・チーズ

卵

厚焼き卵 171
うなぎとにらの卵とじ 171
親子丼 171
かつ丼 173
タイ風卵炒め 35
なすの柳川風 173
にらと桜えびの卵とじ 43

236

チーズ
たことモッツァレラのサラダ
トマトとチーズのサラダ 167

ごはん
いなりずし 175
エスニックチャーハン 195
親子丼 171
かつ丼 173
かやくごはん 179
きのこごはん 181
さけとセロリの混ぜずし 177
じゃこチャーハン 177
すし飯 17
たいめし 181
たけのこごはん 135
トマトリゾット 181
みそぞうすい 185

めん
アンチョビパスタ 199
カルボナーラ 39
しょうゆ焼きそば 189
ソーメンチャンプルー 187
ナポリタン 197
パッタイ 195
ビビンめん 193
冷やし汁ビーフン 191
冷やし中華 191
みそ煮込みうどん 185

237

青春文庫

イラストで早(はや)わかり！
たれとソースの100レシピ

2007年9月20日　第1刷

著　者　検見﨑聡美(けんみざきさとみ)
発行者　小澤源太郎
責任編集　株式会社プライム涌光
発行所　株式会社青春出版社

〒162-0056　東京都新宿区若松町12-1
電話　03-3203-2850（編集部）
　　　03-3207-1916（営業部）
振替番号　00190-7-98602

印刷／堀内印刷
製本／豊友社

ISBN 978-4-413-09376-7
© Satomi Kenmizaki 2007 Printed in Japan

本書の内容の一部あるいは全部を無断で複写（コピー）することは著作権法上認められている場合を除き、禁じられています。

ほんとうのあなたに出逢う　青春文庫		

生き甲斐なんて必要ない
ひろさちやの仏教的幸福論
ひろ さちや

「いい加減」に生きよ。人生の旅にゴールなんてない。仏教が教える人生を楽しむ智恵とは

524円
(SE-373)

他人に振り回されてへとへとになったとき読む本
海原純子

なぜ、いつも誰かに合わせてしまうのですか？今までの関係をリセットする方法

543円
(SE-374)

エヴァンゲリオン完全解体全書 再起動計画
新たなる謎を解く手掛かり——
特務機関調査プロジェクトチーム

"EVA"とは何か——?『エヴァンゲリオン新劇場版』へとつながるすべての答えを検証する

571円
(SE-375)

たれとソースの100レシピ
イラストで早わかり！
検見﨑聡美

万能だれ、煮物・炒め物のたれ、めんつゆ、鍋つゆ、合わせ酢、あえごろも、つけだれ、かけだれ、ドレッシング…

648円
(SE-376)

※価格表示は本体価格です。（消費税が別途加算されます）